私と出会ってくれて、愛してくれて
ありがとう。最大級の「愛」をキミに♡
LOVE……

我能与大家相遇，受到大家的喜爱，真的太感谢了！

给你们最多的爱♥LOVE……

更好的阅读

[日] 美依礼芽 著

董纾含 译

I am MARiA

前言

I am MARiA

I am MARiA

2024 年 9 月 11 日，是 GARNiDELiA 成立 15 周年纪念日。

我们想把 15 周年的纪念活动办得盛大一些，于是带着最新专辑 *TEN* 举办了世界巡回演唱会。我们完成了心心念念的“日比谷野音（日比谷公园大音乐堂）”演出，又在中国、韩国，还有日本国内举办了大规模巡演。

一年前，我们紧锣密鼓地为重大巡演做准备时，收到一个意想不到的邀约——出版这本《乘风而上》。从 2020 年起，我每年都会制作写真集，但是这本书略有不同，它的主要内容是讲述我的成长经历和工作。在这本书中，我会尽情讲述过去从未提及的往事，以及从艺人生的点滴。

说真的，最开始听说要出版这样一本书时，我很迷茫。当然，我是高兴的。这是对我如今在业界表现活跃的一种肯定，也是想了解我的朋友逐渐增多的一大证明。可是，比我知名度更高、更成功的人多如繁星。再进一步讲，进入演艺圈后积攒了 20 年工作经历的明星之中，有很多人已经取得了无数的辉煌成绩。和他们比起来，我反复出道又改名，职业生涯坎坷颇多。我曾无数次品尝到挫折的滋味，难熬和痛苦的回忆也多得数不清。所以我很犹豫，不知道把这些都说出来会是什么结果……

可与此同时，我心底又产生一种想把努力一路走来的人生轨迹讲给大家听的愿望。因为始终没有放弃成为歌手的童年梦想，我盼来了 15 周年，盼来了心心念念的世界巡演。《极乐净土》的视频在中国的知名度也一路飙升，我还有幸参加了综艺节目《乘风 2023》，获得了极大关注。当初刚刚迈入演艺圈时，我怎么都不会想到自己的人生经历竟然如此“异想天开”。

难得有机会讲述这段珍贵的人生，所以我下定决心，在这本书中将自己的成长经历毫无隐瞒地讲给大家听，包括以前很少提到的家人的事、学生时代的回忆、进入演艺圈以来的这些年令我感到眼花缭乱的变动……所有的这些体验，我都会毫无保留地讲出来。

我们在巡演排练和课程的间隙抽时间开过无数次碰头会，

有时甚至会聊到深夜。明明每天都累得筋疲力尽，可一旦讲起自己的人生，我又好似忘记了时间。每当那些记忆从脑海深处涌出，我就无法控制地滔滔不绝起来。这还是我平生第一次把自己挖掘得如此之深呢！

这本花费了许多时间精心制作的《乘风而上》，是浓缩了我的全部的一本书。如果它能为读者们带来勇气和希望，于我而言就是最开心的一件事了。

目录

音乐就是爱

第二章

Family, Friends and My Special

无数的相逢

笑容最重要

中国是我的第二故乡

未来的我

I am
MARiA

I am
MARiA

I am
MARiA

第一章

Music with me

音乐就是爱

从儿时起，音乐就一直陪伴在我左右。

不知不觉间，成为“歌手”便成了我的梦想。

我的人生，一直和音乐携手至今。

回顾那些人生的转折点，

我都看到了些什么呢？

“实在坚持不下去了”，曾有那么一瞬间，我想过放弃音乐人这条路

“我可能，真的唱不下去了……”

GARNiDELiA 的解散宣言一瞬间掠过脑海，是在一切好不容易开始踏上正轨的 2020 年。当时，席卷全球的新冠疫情让未来三年的工作计划全变成了一张白纸，整整三年的工作瞬间归零。那一刻，我心底的确冒出了“可能再也唱不下去了”的想法。

我没有想到，穿越当时那样一个黑暗时期到现在，我竟在中国及亚洲其他各国举办了演唱会——人生，永远有惊喜等在前面啊。

回头再看看，我的歌手生涯简直是由一连串的碰壁和挫折构成的。小学五年级的时候，我被发掘进入演艺圈，经历了原宿 BJ Girls、以水桥舞的名义进行个人活动、CHIX CHICKS，

然后是 GARNiDELiA，反复出道[1]再解散。到 GARNiDELiA 出道为止，我这一路走得曲曲折折。但不可思议的是，我之前从没想过要“放弃”。可是，2020 年的那段时间我所感受到的压力，远非过往经历过的碰壁与挫折可以相比的。

GARNiDELiA 组建于 2010 年，在 2014 年正式出道。我们的音乐，也在一点点地获得大家的认同。2019 年，我们开始了亚洲巡回演唱会“stellacage Asia Tour 2019‘响喜乱舞’”的旅程，在日本、中国、新加坡等亚洲国家的主要城市巡回演出。至今我还清楚地记得，当时我们所有人聚在一起激动地憧憬:“接下来就向着顶峰狂奔吧！”

在我们向上的势头正盛时，突然发生了前面提到的那场疫情。不能出国演出了，国内的演出也接二连三被喊停，我们的音乐活动进入了暂停状态。

到了 2020 年快结束时，我们才总算能真正开办一些演出和

1 文中的“出道”指以新身份开始一段新的演艺生涯，因此存在多次出道的情况。——本书注释均为编者注

活动了，为了填补之前一直没能和粉丝们见面的空白，我们每天都在拼死奔忙。可是观众人数还是一次比一次少，票完全卖不动。那些会一直高呼着“爱你们一辈子！”的粉丝，会对我说“MARiA，最爱你！”的粉丝，他们都去哪儿了呢？

我生性争强好胜，所以也会提醒自己“逆境方是胜负时”。可在那时候，我觉得自己的心态简直快崩溃了，不，其实已经崩溃了。我知道再去做和过去相同的事，也难以将事业维系下去了。而且，这时候的我，还有toku先生年纪都不小了，要再挑战全新事物，时间也不够充裕。无论是对我，还是对GARNiDELiA来说，都是前所未有的一场巨大危机。

那么，为何我最终还是没有放弃音乐？

或许是因为我有一个非常强烈的愿望：我希望自己的歌声能让大家振作起来。

从很小的时候起，就是音乐支撑着我走过来的——

走上音乐这条路，源自童年的“寂寞”

打从记事起，我就总是说：“以后我要上电视！”明确的理由已经记不清了，但当时的我应该是想在长大后成为那个最闪耀的存在吧。

出现在电视上的人有各种各样的类型，有演员，也有艺人[1]，我最感兴趣的则是“歌手”。这或许是因为我从小就一直被歌声环绕吧，我们家所有人都超喜欢 K 歌，当时我们经常唱《丸子三兄弟》[2]和中森明菜[3]的歌。和家人的回忆里，音乐永远占据着不可或缺的位置。

---

1 原文为タレント（talent），主要指出演综艺节目的艺人。
2 NHK（日本广播协会）儿童教育节目《与妈妈同乐》于 1999 年推出的探戈风格童谣歌曲。
3 20 世纪 80 年代日本最具代表性的流行女歌手之一，她的许多歌曲被翻唱成中文版。

小学时经常独守在家，这大概也是我想成为歌手的原因之一。妈妈要去上班，所以放学后我独自待在家里的时间很长。孤孤单单的，没有人和我聊天。我当时还是孩子，因此也谈不上寂寞不寂寞。当时，是音乐安抚了我的情绪。我欣赏喜欢的音乐，唱爱唱的歌，如此度过了孤单的时间，是音乐让我开心，让我忘掉了寂寞。

因此，成为歌手以后，我才会抱着“希望自己的歌声能让大家振作起来”的愿望歌唱。如果有人和当时的我一样寂寞，我希望能通过自己的歌声告诉他“你并不是孤单一个人”。

决定成为歌手，源自幼儿园时期在钢琴教室上课的一次经历。由于教钢琴的老师原本有志成为歌手，所以他不单教钢琴，还会教声乐。

老师在钢琴演奏会上安排了唱歌的环节。其实我也疑惑：“在钢琴教室里为什么要唱歌？”但是当我站到舞台上，在大家面前唱起歌来时，我真的觉得好开心！场下洋溢着笑脸，我被掌声包围，整个空间都洋溢着温暖的气氛。该怎么说呢，真的，特别雀跃！那个瞬间，我第一次体验到了上台演唱的快乐。

就这样，成为歌手的梦想一点点成长、壮大。不过当时的我只是个小学生，还无法凡事自己做决定。于是我就怀着这个梦，普普通通地度过了平凡的日子。而就在某一天，发生了一个将我推到命运分岔口的转折。

在我小学四年级的暑假，妈妈问我："'游泳教室'和'儿童剧团'，你想去试试参加哪个吗？"暑假的时候小朋友们可能都要学点什么吧，妈妈也只是提了两个建议而已。我知道游泳教室是教游泳的，但是儿童剧团是做什么的呢？一问，才知道那个儿童剧团是一家演员工作室，有唱歌、表演和跳舞的课程，而且结课后还特别附加一个让学员们站上舞台，体验现场表演的环节。

听到这儿，我马上就做出了选择。"我想去儿童剧团！"我这样告诉妈妈。因为，我又回忆起了在钢琴演奏会上唱歌时的那种雀跃感受……

在暑假期间，我每周去那家演员工作室上两到三次课，经历了大约一个月的严格授课后，我终于迎来了现场表演。这一天，我换上了特意为演出准备的华丽服装，站在闪亮的舞台上展示了之前一直努力练习的舞蹈，和舞台上的大家一起，步调一致地表演着。在儿童剧团经历的每一种体验，都有着和在钢琴演奏会上唱歌时完全不同的、难以言喻的兴奋感。

我忘不掉这种感受，还想再体验。所以暑假结束后我继续留在了那家演员工作室，并且正式开始学习唱歌、表演和舞蹈。

如果小学四年级的那个暑假我没有体验过那次现场表演，之后恐怕就不会走上自己作为歌手的这段人生了吧。

小学五年级被发掘！
跌宕起伏的歌手人生从此展开……？！

在那家演员工作室上了一年课之后，某天，一家唱片公司来学校参观，其中一位老师注意到了我，于是我获得了被唱片公司发掘的机会。那一年我读小学五年级。

2005 年，包括我在内的六个人组成爵士歌唱组合——原宿 BJ Girls，我也因此以歌手身份出道了。那是我的第一次出道。其实，原宿 BJ Girls 还有一层隐藏的人设方向，就是把我们打造成过去曾风靡一时的女子组合东京劲舞娃娃[1]的爵士版本。如今想想，那完全只是大人们的兴趣使然吧（笑）。

不过我当时确实没想到，自己跌宕起伏的歌手人生就那么开始了。

---

1 Tokyo Performance Doll，活跃于 20 世纪 90 年代前期的日本女子组合。

说实话，我在组合成立前都没听过爵士乐，对这个流派完全不懂。当时公司请了一流的老师给我们上爵士音乐课，每次都超级严格地指导我们学习，从发声方法到表现方法全都要学。这很必要，因为我在钢琴教室和演员工作室学到的东西和爵士乐这个流派完全不同。而且，爵士乐的歌词全都是英文的，光是背下那些歌词就非常吃力。

我在加入爵士歌唱组合原宿 BJ Girls 期间，还以“水桥舞”的名字个人出道了（第二次出道）。作为原宿 BJ Girls 的一员匆忙活动了一年后，公司告诉我们会请一位新的制作人加入，那位老师在音乐界很有名气。自那之后，我们的组合开始不限风格，并且挑战了各种类型的歌曲。两年后，2007 年，组合名改为 CHIX CHICKS，这成了我的第三次出道。组合成员有变更，我为此也略感迷茫。但是，能够作为一名歌手工作下去，我已经非常开心了，所以当时我还在心里默默发誓：总之一定要唱下去！

一直到上初中，每次上课我都要从老家茨城跑去东京，单程就要花费两个半小时！说实话，真的挺累的。学校那边没法请假，就只能在放学后跑去上几个小时课。我当时觉得“上课时间必须再多点才行啊！”，所以后来考去了东京都内的高中。

自出道以来，我感觉自己每天都特别忙，天天都在赶时间。但其中一部分原因也是出于我不服输的性格吧。出道之后，我一直在想“做歌手我绝对要成功！”这件事，所以每一天都在拼了命地努力。

以歌手身份出道的梦想实现了，但同时，我又要面对新的严苛现实了。为了提高知名度，我们周末会去代代木公园免费演出。可是没人停下脚步听我们唱歌。演出的票我们自己拿着卖都卖不出去。演出场地的观众席上也是空荡荡的……没有任何能火起来的迹象。这样的状态持续了一段时间，唱片公司判断“这个组合估计很难再继续做下去了”，于是，作为原宿 BJ Girls 活动了两年，作为 CHIX CHICKS 活动了三年，共计五年的组合活动最终结束了。

解散后不久，我选择了一个新的挑战。那就是和当时作为音乐制作人、词作人已经十分成熟的 toku 先生组成二人组 GARNiDELiA。从那一刻起，我的歌手生涯又走到了新的起点。

开辟新道路，
遇见toku先生

“我朋友正在寻找女歌手，要不要见见？”

高中快毕业的时候，一位曾经很照顾我的制作人联系了我，说有一位 P 主[1]准备成立新组合，正在寻找搭档。这位 P 主，就是如今 GARNiDELiA 的键盘手兼作曲人 toku 先生。

当时联系我的那位制作人，也负责了当时正在播出的一部电视动画的片头曲和片尾曲。其实，在原宿 BJ Girls 时期，还有我在以“水桥舞”的名字开展的个人活动中，这位制作人都关照过我。

后来组合改名为 CHIX CHICKS，我的个人活动也逐渐少

1 Productor，指使用 VOCALOID 等虚拟歌姬音源创作音乐并上传到网络平台的人。VOCALOID，日本 YAMAHA 公司开发的电子歌声合成技术及应用其技术的软件。

了，我们就再没有见过。没想到这位制作人一直记得我，我真的很开心。

同时，我也很惊讶，没想到对方提到的那位朋友竟然是 toku 先生。几年前我就知道他了，而且很喜欢他写的曲子。我对他的创作很感兴趣，所以作为见面前的问候，我们先互相交换了音源。

Toku 先生发给我的音源，是他作为 P 主初次操刀的原创曲 *SPiCa*。听到这首歌的一瞬间，我就确定：这首歌正对我的胃口！我喜欢！富有深度的旋律、丰富的层次感，它和我之前唱过的那些歌完全不同，有种特别的新鲜感。我比较熟悉正统的 J-POP 和爵士乐，但没怎么接触过 VOCALOID 曲，我想这也是我觉得格外新鲜的原因之一吧。

真想见见他，和他聊聊！听完这首曲子的第二天，我就联系了那位制作人，希望能见见 toku 先生。我还努力对 toku 先生表达了我听过他的作品后的感想，还有自己对演唱的热情。或许是被我的热情感染了吧，很快 toku 先生便对我说："很希望能和你一起开展音乐活动。"他这句话真的拯救了我。

差不多同一时间，CHIX CHICKS 的组合活动渐渐走低。这是我在学生时代倾注了一切的重要组合，所以我当时特别难过。另一边，我可以正式开展和 toku 先生的组合活动了，新的希望渐渐发芽。我告诉自己：下定决心踏上一条新的道路，要全力投入和 toku 先生的音乐活动！这就是 GARNiDELiA 成立时，我心中所想的。

我们的粉丝大概比较清楚，“GARNiDELiA”这个组合名是 toku 先生想的。它是把 toku 先生出生那一年发现的小行星“2758 Cordelia”和“Le Palais Garnier de Maria”（Maria 歌唱的地方）这句法语组合在一起得来的名字。

之所以起这个名字，还有其他理由。首先是“加入了浊音点”[1]，然后是“在网上检索时一下就能找到”。我们这个组合刚成立时还未隶属于任何唱片公司，处于无所属状态，为了能比较明确地和其他艺人区分开，我们在组合名字上做了很多细致

1　在日语中，有清音、半浊音、浊音。在假名右上角加两点，表示浊音。GARNiDELiA 在日文中写作ガルニデリア。

的考虑。

我们还“动用”了其他一些能让大家注意到我们的“秘密方法”。比如，我们会把完工的音源先上传到 Niconico 动画[1]。当时，和 YouTube 相比，Niconico 才是处在全盛期的平台。音源上传后，播放量飙升，身边的创作人和音乐界的朋友也纷纷对我说：“看到你们的视频了哦！”那是我第一次知道，原来有那么多人在看 Niconico。

和 toku 先生制订的作战计划非常成功，GARNiDELiA 的知名度也在一点点提高。

1 自 2006 年起，日本 NIWANGO 公司提供的线上影片分享网站，简称 Niconico。

发不出声音！唱不了歌！突如其来的低谷期

2011 年，我和 toku 先生开始作为 GARNiDELiA 开展演艺活动。最开始，来看我们演出的观众大概一只手就数得过来，可能全加起来只有四五个人（苦笑）。记得有一场对盘演出[1]，演出人员的数量竟然比观众还多。

真希望能再多涨些粉丝啊！我们商量着“要创造出能多多和粉丝们见面的机会”，所以尽量去增加表演的次数。随着演出次数增多，来看演出的人也越来越多了。如此坚持了两年，livehouse 里已经能坐满观众了，不时还能看到一些唱片公司的人，其中有些人甚至来看过好几次。我心里也开始产生期待：我们是不是终于可以出道了？

1　由多组艺人及团体轮流表演的音乐现场。这种做法有利于吸引新观众，提高上座率等。

可是，GARNiDELiA 要出道，却没那么简单……

虽然有机会和唱片公司的人聊，但我听到的全是“你唱歌和说话的时候反差太大了，应该一直保持很酷的人设才行”或者“你把头发染黑说不定能出道”之类的评价，总之都是在讲“人设”的问题。GARNiDELiA 组建之后我一直都是金发。当时特别流行辣妹装扮，我也是辣妹装扮的忠实拥趸。对当时的我来说，金发就是我的个性标志之一。

自己最喜欢的个性装束遭到否定，歌唱和主持风格也被批“反差太大”，我听到的基本是一些“答非所问”的建议，真正关于音乐的建议却一条都没听到。当然，也一直没有人提出道的事……

听了这么多建议，我也开始尝试照着“过来人”的说法做。我染黑了头发，也改变了说话方式……可是在改变的过程中，我渐渐开始产生疑问：我究竟是为了谁在唱呢？我该唱些什么呢？我开始感觉，站在舞台上的自己像在对观众撒谎，真不知道怎么办才好……

我就这样在压力之下继续着音乐活动。突然有一天，我开始对上台感到恐惧，想出声却发不出声音来了。我去了常去的医院，开了药，还做了雾化，试了很多办法，可是嗓子完全没有恢复原样的意思。

最后的撒手锏，是跑去找了一位被很多顶尖歌手尊敬的发声训练老师。不可思议的是，见到老师的瞬间，我就产生了一种“我可以对老师坦白一切”的情绪。

· 我发不出声音了，没办法站上舞台。

· 我很苦恼，不知道现在的歌唱方式是否合适。

· 我很苦恼，一直没法出道。

· 我每天都很不安，感觉快被这种情绪压垮了。

· 我不清楚自己想要传达的内容本质是什么。

独自承受的那些矛盾和压力，就这样被我一口气说了出来。

听完我的描述后，老师告诉我：“什么都别在意，做你喜欢的事就好。”听到这句话，我无法控制地大哭起来。想要唱出我自己的个性，其实没必要那么执着于和唱片公司签约。我只要把“展现我自己”摆在最优先的位置就好。

“你身上穿的衣服、手里拿的包包，甚至包上的挂件，全都能表达你的内在。虽然你说自己不明白，但其实你一直都懂。”

仔细想来，这段话说的明明是那么理所当然的道理。可对当时的我来说，老师的话充满了冲击力，我感觉心中的沉郁一扫而光，顿时就轻松了。

我听从了老师的建议，变得所向披靡。“我要用自己本来的模样，对着我最爱的粉丝们歌唱”——我发现只需要考虑这一点就够了。我的这份心意，如今也没有改变。而且，从那天起，我就再也没有出现发不出声音的状况了。

过去的缘分结成心心念念的出道

“又要从头开始了啊。”

多亏了那位老师，我找回了原本的自己，决定遵从自己的愿望去唱歌。可那些之前给过我建议的唱片公司的人渐次消失，慢慢地，他们也不再去看我们的表演了。我原本以为只要唱出自己，就一定可以向着出道越走越近的……

就在这样的节点上，一场偶然的再会改变了 GARNiDELiA 的命运。我再次遇见了 CHIX CHICKS 时期负责过我们的一位制作人。当年 CHIX CHICKS 解散后，这位制作人就跳槽去了其他厂牌。

我们怀念当年课程结束太晚，险些赶不上末班车的那些日子，以及休息日办免费演出的过往。随后，我也讲起自己当下的工作状况。他对我的工作情况十分关心，还讲了我的歌、歌曲的方向性，还有音乐制作方面的内容……他没有提之前被唱片公司诟病的我的“人设”，而是仔细分析了我的音乐。

那次谈话后的第二周，一份和唱片公司签约的合同就摆在了我的面前！GARNiDELiA要出道了！在合同上按下我姓名印章的那一瞬间，我在心里大大地摆出一个“胜利！”的姿势。因为，之前曾有那么多的声音对我说“再这样下去，你肯定没法出道”。

2014年3月5日，GARNiDELiA发行了期待许久的出道单曲*ambiguous*。更令人开心的是，这首歌还被选为电视动画*KILL la KILL*（《斩服少女》）的片头主题曲。Toku先生一直对我说“今后将是动画歌曲的时代”，所以，以这样的形式出道实在是再理想不过了。

2010年前后，动画歌曲开始在海内外收获瞩目。在那段时间里，西川贵教、水树奈奈等传奇歌手自不必提，还有LiSA、蓝井艾露等歌手出道，缪斯（μ's）等声优组合也开始以歌手的身份活动，吸引了广泛的关注。

在众多动画歌曲演唱者中，像GARNiDELiA这样的男女组合非常罕见。我们也在动画歌曲特有的旋律中融入了电子舞曲的风格，所以在打造独一无二、个性十足的曲风方面，我想我们是很成功的。

或许是有赖于这份独特加成，出道后我们顺利地收获了很多粉丝，不单可以在国内的动画歌曲演出活动中登场，还收到了来自海外的邀请。听着来自海外的粉丝们大声地应援，我的心中也开始萌生一个愿望：要是能成为唱响世界的动画歌曲演唱者，那该多好啊！

于是，我们开始为实现这个目标而努力。我们开始在YouTube上上传视频。之前还在做独立音乐的时候，我们就已经在YouTube和Niconico这两个平台上发布视频了，出道后，我们也专门面向海外观众，制作了一部分视频内容。

为了提高视频的播放量，我们在视频封面上也做了很多尝试。如何通过一张图片吸引观众目光，让大家产生想点开看的兴趣？这一点非常重要。同时，为了吸引那些喜欢日本文化的动画粉丝，我们有意在画面设计中加入了一些日本元素。我们通过一些参考了海外动画的角色表达世界观，还用四字熟语做视频标题，摆满整个画面……总之，就是尝试把想要传达的信息全部浓缩在画面之中。第一次看视频的人大多可能不会专门看一眼介绍栏，所以视频封面真的非常重要。

或许是我们所采用的各种尝试终于奏效了吧，我们在 YouTube 上发布的视频播放量一点点攀升。接着，在 2016 年，我们发布了歌曲《极乐净土》。第二年，它也被许许多多的中国年轻人看到了。

关于成为“动画歌曲演唱者”这件事，我曾心怀迟疑

“GARNiDELiA 必须走动画歌曲这条路，不考虑其他的。”

这是 toku 先生的提议。最初听到他说这句话的时候，我内心很矛盾。当时是 2014 年，动画歌曲市场正处于上升阶段，以演唱动画歌曲为主的歌手接二连三地出道。正是这种音乐，支撑起了在全世界范围内都赫赫有名的日本动画文化。

可是我依然很纠结，因为我其实完全不熟悉动画（苦笑）。小时候我确实很喜欢看动画，可自打念小学起，我就开始和朋友玩得火热，看动画的机会也相应减少了。

我也是以 GARNiDELiA 的组建为契机，开始了解动画歌曲这个领域的。每年会有 100 部以上的动画上映，动画粉丝也在逐年增多。在了解动画歌曲的过程中，我也逐渐意识到，动画歌曲就是未来音乐市场新的中心。

可是，当时对动画歌曲心怀偏见的人出乎意料地多。在唱片店里，动画歌曲的 CD 往往被摆在比较边缘的位置，甚至有些只有在动画专卖店才能找到。

音乐界也是如此，在和动画歌曲没有交集的人中，大半都怀着“喜欢动画的都是阴暗阿宅”的偏见。许多人觉得阿宅喜欢的东西不可能被大众接受，动画歌曲注定是小众的。

虽然全世界都将日本称作“动画大国”，但在日本，喜爱动画的人却遭受着歧视。而走进这样一片领域的我们，真的能收获人气吗？当时的我其实是非常不安的。

不过，toku 先生的创作和动画歌曲适配度非常高。更重要的是，我真的唱得非常开心！动画音乐能让人的心情如此雀跃，未来它一定会走上大众化道路的。我这样鼓励着自己，同时坚定了走上“动画歌曲演唱者”这条路的决心。

实际开展音乐活动后，先前的担心马上就被打消了。从被动画歌曲界接纳起，我们接连收到演出邀请，不仅有在日本本土的演出，还有在海外举办的音乐活动。如果没有那次海外表演的经历，我们大概连想都没有想过可以走出国门发展吧。

参加中国的选秀节目《乘风 2023》时，我能和其他演出者建立起深厚的友谊，也多亏了动画。大家都开心地笑着对我说："我超级喜欢《火影忍者》！""我从小就对《美少女战士》特别着迷！"等等。那些也是我很喜爱的动画作品，所以我们立刻成了意气相投的朋友，直到今天关系依然非常亲密。

动画，能让说着不同语言的人心灵相通，它是一种非常棒的文化形式。能在音乐这个领域和动画"合作"，是我的骄傲。在海外遇到的那些动画粉丝，会昂首挺胸、堂堂正正地说自己喜欢动画，还会热情地讲述自己喜爱的作品。他们的模样，在我眼中熠熠发光。

动画歌曲，还有动画粉丝，大家真的太棒了！

让舞蹈表演成为我的武器

这世界上有千千万万首动画歌曲，每一位演唱者都在赤诚地拥抱音乐。想要在千军万马中让自己的个性和独创性闪光，难于登天。我坚信 toku 先生创作的音乐绝对是独一无二的，可倘若我们自己不够醒目，这些创作就会被埋没，就无法被人看到。

虽然我们这样一男一女的组合形式很独特，但光凭这一点，不可能长久地维持住大家的关注，所以 GARNiDELiA 又在表演中加入了舞蹈。

说起来，我之所以能够进入演艺圈，就是因为在小学四年级时开始接受演员工作室的演艺教育。我在那里夯实了舞蹈基础，我想，这就是我和其他艺人截然不同的一点。因此，我希望通过舞蹈把动画角色的气质展现出来。

为了在表演中将舞蹈的表现力拉满，在选择服装方面，我也花了不少心思。我个子比较矮，所以动作幅度一定要大，这样才能醒目。因此我会定做一些可以垂到脚边的头饰，还有可以像披风一样飞扬起来的裙子，这样能更好地展示舞姿。

一些凸显舞蹈的表演也可以带动观众一起跳，舞台上下的气氛会变得非常热烈，大家的情绪一下子就被点燃。这样，舞台的感染力也能更上一层楼，体会到了这种魅力之后，愿意再来看演出的观众也越来越多了。最近我还看到一些来看演出的小朋友，会模仿我的服装搭配跳舞，真的可爱极了，简直像小天使一样，超级可爱！

还没有参与过 GARNiDELiA 演唱会的朋友，要提前做好台上、台下一同痛快舞蹈的心理准备哦！

《极乐净土》上传的第二年，在中国的视频播放量惊人！

说真心话，我至今也不知道《极乐净土》爆火的原因是什么。

这首歌被收录在专辑中，但是并未发行过单曲。

其实《极乐净土》和 GARNiDELiA 惯有的风格略有不同，不过我非常非常喜欢它，也希望能让更多人知道它，所以就想到了在我们当时都特别着迷的 YouTube“舞见”[1] 频道上传这首曲子。

第一次在“舞见”频道上传作品，还是为我的个人专辑 *aMazing MusiQue PaRK* 做发售纪念宣传的时候。在那之前，我一直没什么机会展示自己擅长的舞蹈。我当时的想法是“看

1 踊っちゃって見た。也指在视频网站上上传原创或翻跳宅舞的舞者。

到我的舞蹈视频，粉丝说不定会大吃一惊呢！”，所以上传了那段视频。

为了给大家一个“焕然一新”的印象，我想找人一起跳，于是和关系很好的编舞师 Miume 聊了聊。她建议“三个人一起跳感觉更平衡”，于是又介绍了很有人气的舞者假面 raia-217。我选了专辑里收录的歌曲 *Girls*。三个人一起跳这首歌的感觉要比想象的开心无数倍，当时我就希望这个跳舞的策划能一直做下去。这也是我们所有人当场一致的想法。

难得录制了舞蹈视频，我还希望能有点主题性！我们想到的主题是“能让对舞蹈不感兴趣的人忍不住起舞的视频”。二创的热情高涨，原创视频的播放量就会增加，歌曲的知名度就会提高，这些也都是我们制作视频时的目标。还有一个主题，就是“关注动画角色的内核”。平日里一直都很受动画粉丝的照顾，所以我们选择穿着 cosplay 风格的服装跳舞，希望这样能让动画粉丝看得开心。

在一系列的努力下，我们接着又制作了《极乐净土》的舞蹈视频。它是我们在“舞见”频道上传的第四个作品。这首歌曲的歌词以“花魁”为主题，我们猜测它或许会受到海外的关注，所以选择了富有日式美学的世界观，服装也以和服风格为基础，兼顾方便舞蹈的功能性，还特别强调了华丽感。

一番尝试有了成效，视频上传后我们收获了很高的评价。还有些人是看到小图里的四个大字后，出于好奇点开了这段视频的。

在视频发布一年后，播放量突然暴涨。“这是怎么了？”我很迷茫，后来才知道，在中国的视频平台 Bilibili 上，这段《极乐净土》的播放量已经高得惊人了……

我高兴得简直要飞起来了，可与此同时我也有些疑惑，说实话，我不明白它在中国的人气为什么会那么高。是因为那个四字熟语比较有冲击力，因为我们的服装比较符合中国动画粉丝的审美，还是因为我们的编舞比较方便二创？我们思索了种种原因，到最后，我们其实都不知道真正的原因是什么。或许是因为我们的样子比较像游戏里的角色，所以不单是大人，小孩子们也愿意尝试模仿这些舞蹈动作吧。

之后，这段视频的播放量还在爆发式地增长，YouTube 上的播放量已经超过了 1 亿，Bilibili 上包含二创在内的视频总播放量约有 11 亿。甚至有人说我“在国外成了女神一般的存在”，我很高兴，也感受到了日本的 GARNiDELiA 粉丝发自内心的愉快。

由此，GARNiDELiA 在中国的知名度提高了。我们不但获得了来自音乐节的邀请，我还有幸出演了中国的电视节目。参加了中国的舞台竞演类综艺《乘风 2023》后，不单是动画粉丝，中国各年龄层的观众也认识我了。

回头再看这段经历，简直就像动画剧情一样……我自己也很惊讶。在我心中，《极乐净土》赋予了 GARNiDELiA 巨大的梦想与希望，它是独一无二的珍贵作品。

我希望自己的歌，能够陪伴在所有人身边

每当感到寂寞时，我就想听音乐。我脑海中最早的一段记忆，就是年幼时在空无一人的家中一直等待着外婆和妈妈回家。那时候我还是独生女，每次都被孤零零地留在家里。当着大人的面我表现得很坚强，其实总是很寂寞又很害怕地流着泪。每当这时候，我一定会哼唱起喜欢的歌，让自己的情绪轻盈起来。

我最喜欢的歌曲是《丸子三兄弟》。它是我人生中获得的第一张 CD。那时候，我每天都会反复地播放这首歌。这首歌的舞蹈很简单，小孩子也能跟着跳，边唱边跳的感觉真的让我很开心。

音乐拯救了我的孤独，赐予我勇气与希望。所以，我会在歌词中加入许许多多的“爱”。即便是为战斗类的动画作品创

作主题曲，我也一定会在其中的某处加入能让人感受到爱意的词汇。

“爱”这个词看似简单，可作词的人常会为此感到苦恼。比如，如果内心感到疲劳，憔悴不堪，这时候听到“加油！”“别输啊！”一类带着爱意的话，反倒会觉得沉重，不是吗？比如，如果想要把自己心底的想法传达给喜欢的人，那么“我爱你”“我想见你”这样直接的表白，似乎更合适吧？等等。

无论是何种状况，我都希望大家在听到我的歌时能感受到爱，能勇往直前。就像我小时候听《丸子三兄弟》时那样，我希望大家在听到我歌声的瞬间，心中那些过往的感动回忆也能被猛然唤醒。

有一些歌手会比较有倾诉欲，希望他人能聆听自己想说的话。这种想法绝对没错，也是一种很棒的表现方法。不过，我始终希望自己参与创作的音乐，能够常伴大家的心灵。

歌词和演唱方式，都是我人生的体现

GARNiDELiA 成立至今已经 16 年了。最近我也常回头听听我们过去的曲子。出道时我 20 岁出头，可能比较想表达自己对社会具有反抗意识的一面，所以我的演唱方式有点“带刺”，会给人一种比较强烈的攻击性。

这种感觉不单体现在演唱方式上，还反映在歌词中。我初次作词的作品 *ORiGiNAL* 中怀有对社会的不满，或者可以说是一种反骨表现。再听时我不禁感慨，自己当时真是浑身带刺啊。

不过，我绝不会否定过去的自己。将当时那个年纪特有的感情倾注于歌曲，比起害羞，再听时我的心情更接近“好帅啊！”的赞叹。虽然演唱方式和歌词中都有不成熟的部分，但作品中还包含着只有当时的我才能创作出来的内容，我觉得那些部分真的很出色。而且，那些歌词也能忠实地反映我当时的情绪，很有我的风格，畅快清爽。我想，说不定粉丝更加能理解我的那种从没有任何矫饰的表达。因为粉丝中有很多和我同龄的朋友，这让我感觉大家带着对我歌曲的共感，和我一起成长。

最近有不少 GARNiDELiA 的粉丝结了婚，其中还有些朋友有了宝宝。想着有好一阵子没见，结果竟见到他们带着宝宝来看我们的演出了！看着和我们穿着相同服装的小宝宝在台下唱着 GARNiDELiA 的歌，我真的好感动。除了我自己的人生，我还能目睹那些和我们一道走来的粉丝的人生，实在是太幸福了。

2022 年我也结婚了，或许未来也会有孩子。到那时，我会创作出什么样的作品呢？那时的我也一定会和现在一样，让歌声配上坦率表达我心境的歌词，面向着人潮继续高歌下去吧。

我对现场的要求是 “视觉、听觉都能得到享受”

演出现场的主角不是我，而是来到会场的粉丝们。从我作为歌手踏进演艺圈，站到舞台上的那一刻我就这样想了，这个想法至今未变。

粉丝们为了来到演出会场看我唱歌，花费了时间、精力和金钱。有些粉丝是努力攒够零用钱才能来的，有些是忍住没有买想要的新衣服才能来的，还有些人是从很远的地方过来的，光是交通费就要花一大笔钱，他们是专程来看我们的。光是这份情义，就已经令我非常感动了。

我发自真心地希望这些特意赶来看我们演出的朋友都能尽兴而归，所以我也会努力创造一个“视觉、听觉都能得到享受”的空间。在我们努力打磨出来的舞台上，将最棒的表演呈现给大家，这就是我们日复一日努力的目标。

为了保证一场演出从开始到最后始终能带动起全场的热情，我们会和工作人员花上好几个小时去商量曲目的安排。因为要从已经发行的近 150 首歌曲中选出最能传达自己当下心情的曲子，所以光是选曲这件事就会花费大量时间。如果要请舞者一起表演，那么就算无数次排演、练舞，一站到舞台上，情况也往往会和排练时大不相同。从什么角度看过来能让观众感受到最棒的表演？直到演出当天，我们还在不断调整、确认着舞蹈和队形。

服装方面也要抠细节。为了能在舞台上快速换装，我们想了很多办法。通过观看摄像机录像，我们能够了解从观众席看我们的表演会给大家留下什么印象，因此这项工作也是一丝都不能懈怠的。

在舞台调度要求的各项要素中，我们花费最多时间的是灯光。尤其是在海外演出的时候，往往会欠缺一些在日本时觉得理所当然会准备好的装置，也常有一些舞台调度无法被对方理解。不同的国家，规则也各不相同，因此或多或少会出现些不得不妥协的部分。可是灯光不一样。

之所以这么在意灯光，是因为我们希望为大家呈现最好的表演。如果观众都看不清我们的模样，那这场表演肯定称不上出色了。或者，即便可以看清，但因为灯光问题没能还原本来的演出调度，导致难得营造出来的气氛被浪费，那整个会场的感染力也会变弱。所以，灯光方面的要求绝不能让步。我记得曾有一场演出，直到观众入场前，我们还在和灯光师调整灯光。

就算准备到了这种程度，演出还是会遇到各种状况。比如，表演到重要的场面时灯突然灭了，或是户外演出的时候天降大雨，还遇到过电源问题，乐队的乐器发不出声音，等等。这些年，我们真的遇到过许许多多的意外状况。

遇到这种情况，我们索性将错就错。如果灯光误照到错误的位置，那就跑过去，跑到灯光下表演。如果麦克风出问题了，发不出声，那就大声喊着唱起来。只要能将那些只有现场表演才会出现的“意外状况”瞬间转换成“快乐的体验”，那么粉丝们的情绪就能被我们带动着享受起来，而这场演出也将成为我们一生难忘的珍贵体验，始终铭记在心。

为粉丝们提供许许多多只有亲历现场才能收获的体验，用最大的“爱意”去款待大家。这就是 GARNiDELiA 能够呈现的最强内容。

出道20年，

因为没放弃，才能有今天

“哪位艺人是你的目标？”

每当有人问我这个问题，我的回答都是：“没有。”

虽然这样说有些狂妄，但我从没想过要以什么人为目标，我想要成为独一无二的存在。

不过，如果要我列举曾震撼到我的艺人，那我会回答克里斯蒂娜·阿奎莱拉、碧昂丝和麦当娜[1]。在我们那一代人心中，她们都是耀眼的歌姬，也是帅气女性的象征。我很痴迷她们的演出，曾经观赏过无数次。看到她们身穿华丽的衣服登上璀璨舞台，我瞬间浑身鸡皮疙瘩都起来了，那种雀跃的感觉根本停不下来。

1　三者均为美国著名女歌手。

为什么会对她们的表演这么痴迷？为什么会如此雀跃？看着看着，我明白了。她们之间的共同之处，就是通过自身个性去呈现独一无二的表演。最大限度地使用自己的声音、面容和身体，去打造她们的舞台。所以，她们才能拥有无与伦比的光环。

我也想成为独一无二的存在，也想和她们一样，散发出无与伦比的光芒。因此，如果有人问我“哪位艺人是你的目标”，那我只会回答“没有”。

我从小学五年级那年进入演艺事务所，经历了出道，至今已经 20 年了。十来岁就能出道，我真的很幸运。但同时我也意识到，因为当时太过年轻，所以我并没有呈现出具有自身特色的舞台表演。团体活动和个人活动都不尽如人意，原因之一，或许就是当时的我比较欠缺个人特色吧。

这 20 年间，出道、再次出道、组合改名、解散、第三次出道……我无数次经历迷茫、苦恼，走过了一段跌跌撞撞的歌手生涯，但也正是因为过去的那些跌宕起伏，才确立了今天 GARNiDELiA 的风格。不是去模仿谁，也不是照着谁说的话去做，而是呈现充满我们自身特色的表演。

虽然经历了无数次碰壁，虽然也出现过险些功亏一篑的情况，但因为有支持我们的粉丝，有“希望我的歌声能让人振作起来”的强烈愿望，我们才走到了现在。

我们没有放弃，最终坚持了下来，时隔四年，在举办 2023 年的巡回演唱会时，终于将票全部卖掉了。2024 年，我们成功举办了出道以来最大规模的巡演“GARNiDELiA 10th anniversary Stellacage tour 2024”。一切都是那么珍贵，也是那么令人难以置信。

我不会再放弃了。成为真正的、独一无二的歌手——我还要朝着这个梦想不停地奔跑下去呢！

Family, Friends and My Special

无数的相逢

因为和无数人的相遇，

我才成为今天的我。

家人、朋友，还有以音乐为媒结识的许多人。

在这一章中，我想聊聊过去从未提及的童年和学生时代的往事。

因为，有些事我觉得现在终于能说出口了。

成就我的不单是开心的回忆，

还有那些悲伤的、不甘的过往……

我们家没有父亲，
我一直觉得这很平常

我有两个弟弟，一个小我 8 岁，一个小我 24 岁。打从我记事起，我们家就没有父亲。我从小就觉得这很平常。

是妈妈把我抚养成了开朗又有活力的人。我的妈妈是能量超强，对任何事都很积极的女性。她不愿意靠男性出钱帮助，从工作到家务，她都完成得超级出色。我从小就很仰慕她，一直觉得：妈妈好厉害！妈妈好帅气！

妈妈时常不在家，但我从来没有因此变得悲观。因为妈妈对我倾注了满满的爱。她经常工作到很晚，所以和我们住在一起的外婆会代替妈妈照顾我。我们这个家庭也从不会因为没有父亲的存在而消沉。

不过，我大弟弟刚出生那段时间，妈妈和外婆因为忙着照顾弟弟，有点顾不上我了。如今想来大人也很无奈，但当时好多事情都要我忍耐，我也留下了一些难熬的回忆。当时家长也说过那句经典的“你是姐姐，要学会忍耐”，所以我其实有点嫉妒当时刚出生的弟弟。

弟弟读幼儿园那阵子，我还总嫌他烦。因为我们年龄差得多，他还是男孩子，我不知道怎么和他相处。妈妈工作忙碌，在家的时间少，弟弟会因为怕寂寞哭哭啼啼的。虽然特别懂他的心情，但我可是比他大了 8 岁的姐姐，不可能跟他一起哭吧？于是，我们渐渐开始彼此鼓励：“咱们俩一起加油吧！”再后来我进入了演艺圈，工作忙碌起来，就基本没时间和弟弟在一起了。

再次和那个曾经共同度过寂寞时光的弟弟有了交流，是在我高中毕业之后。在他心中，我似乎是一个“从小就开始做艺人，特别有担当的姐姐”，据说他还很尊敬我。听说这件事后，我真的觉得弟弟很可爱。我们现在还会一起去迪士尼玩，也会一块吃饭，是关系很好的姐弟俩。他凡事总第一个想到我，做事也很体贴细心。或许是因为从小就在能量感比较强的女性——外婆、妈妈和姐姐——的环绕下生活吧，他恐怕对“一旦激怒女性后果不堪设想”这件事深有体会了（其中最可怕的应该是我），所以才会自然而然地表现得很绅士吧（笑）。

我家最小的弟弟比我小了 24 岁，与其说是弟弟，我感觉他更像亲戚家的孩子。但他和我们的美女妈妈长得超像，超级可爱！我们偶尔才能见一面，弟弟好像也很仰慕我，好可爱，我会忍不住给他买买买。和这个年幼的弟弟，就不像之前和大弟弟那样出现过关系生疏的情况了。

小时候我孤单的时间很长，加上家中没有父亲，或许，我家和一般的家庭相比欠缺了很多东西吧。可我认为，正是这样的家庭塑造了我。我的家，就是我独一无二的最爱。

我很喜欢把时间花在幻想上，从小我就是善用独处时间的专家

童年时代，我的特技就是“善用独处的时间”。和其他同学相比，我独自在家的时长可以说遥遥领先。

妈妈时常到深夜才结束工作回家，第二天起床的时间也比较晚，所以早上我会先起来。打从读幼儿园起，我就自己早起，自己烤面包，自己乘坐幼儿园的接送巴士。总之，这些通通都是自己来做，不依靠辅助轮骑自行车的技术也是我自己摸索出来的。至今，我脑海中还残留着上小学后拼命练习骑车的记忆。

或许，我顽强的精神就是从这时开始不断磨炼的吧，周围的大人也会夸我“真是独立可靠的孩子”。

只有白天，能和朋友一起玩耍；到了晚上，独自守在家里

的我就彻底变成孤单一人。所以我每天一定会播放自己最喜欢的歌，跟着旋律一起唱，然后就是和玩偶娃娃玩，或者画画……别看我表现得像个户外派，私底下我还挺宅的，喜欢待在家里玩。在家中，我最喜欢做的就是读书。当时我最痴迷的是冒险类的奇幻小说。

读书的乐趣就在于，聚精会神地阅读可以让我徜徉在书本的世界之中。我可以化身主人公，时而和强大的敌人对战，时而后背长出翅膀在天上飞翔，如此体验各种各样的生活。进入那种在日常生活中体会不到的梦幻世界，是我的梦想。所以我特别痴迷读书，也沉迷其中。

在书本的海洋中培养出来的幻想能力，也极大地影响了我的创作。读小学时，只要是写读书感想的作业，我一定能拿到小红花，写作文也经常拿奖。从学校主办的那种小规模作文比赛，到市里的作文大赛，我拿过很多奖。回到家妈妈也会夸我，这让我对写文章更有自信了。

这些经验，我也很好地运用到了现在的词曲创作中。我很擅长挑选符合自己心境的词汇，因为从书本上学到了很多表达感情的词汇，因为爱上了写作，我也养成了专门记录一些心动瞬间的习惯。如今的我成了一名词作者，这正是童年的独处时光赐予我的礼物。

和“优秀的大人”相遇，指引我走到了今天

在过往人生中，只有一次我差点放弃歌手梦想。无论遭遇何种挫折，我都会立刻爬起来，重新出发。之所以拥有这样的毅力，也和我童年时期遇到的大人们有关。

最先遇到的“优秀大人”，当然是我的外婆和妈妈。我从小就是那种很喜欢引人注目的小孩。走在外面，心情一好我就会突然开始唱歌，在那种挤了许多人的购物中心我也能特别坦然地唱起来。一般的家长遇到这种情况，肯定会斥责孩子：“别唱了，安静！”可是外婆还有妈妈会表扬我：“唱得真好！”

看着她们开心鼓掌的样子，我就忍不住更想唱了！一唱起来，渐渐地，就会有观众围上来听，还会听到有人夸“这个孩子好会唱啊”。有时候等反应过来，我才发现自己像在开独唱会

一样呢。从那时候起，我就不会觉得在别人面前唱歌有什么不好意思的，只会觉得“好开心”！

我遇到的下一位“优秀大人”，是我的钢琴老师。我生性喜欢引人注目，所以第一天上课，我就在教室里大声唱起了歌。见我这么有勇气，老师或许也觉得“这个孩子有在舞台上大放光芒的素质”吧。

不过，老师从来没有在唱法上指导过我，让我“这样唱比较好，那样唱更合适什么的”。他只会拼命鼓励我们，让大家都能发挥出独属于自己的能力。所以在学习过程中，我也渐渐开始觉得：自己可能真的很会唱歌？我非常感谢老师，是老师给了我唱歌的自信。2024 年 GARNiDELiA 首次在日比谷野音开演唱会时，老师也来了。表演中，我看到老师在台下感动落泪。那瞬间，我也险些在台上流下眼泪。

还有演员工作室的老师们，是他们激发出了我身上的种种可能性。小学四年级暑假的那段体验学习之后，我其实是以特待生[1]身份进入工作室继续深造的。当工作室的社长对我说"我很看好你！"的那一刻，我真的特别开心。一年后，我被挖掘并出道。如果没有在这家工作室学习的经验，我或许就不会进入演艺圈了。

出道之后，我也获得了许多制作人老师的关爱与帮助。我这个人顽皮淘气，生性不服输，应该给大家添了不少麻烦吧。

我想对他们每一个人，都大声说出一句：

"如今，我已经茁壮地成长起来了哦！"

1　对成绩优秀的学生提供的减免全部或部分学费、发放奖学金等经济援助的制度。

那些中学时代的“霸凌”，如今我终于能说出口了

这是我第一次提到这件事。其实，我从中学时代起就一直遭受着霸凌。

因为我总是一副不服输又精神百倍的样子，所以大家想必会产生疑惑：“这是真的吗？”没错，是真的。原因我其实不是很确定，或许是因为我很早就开始从事与演艺相关的工作，招致了一些嫉妒吧。起初是原本关系很好的朋友不理我了。后来，大半个学年的同学都开始无视我……就算我主动打招呼对同学说“早上好”，对方也不会看我一眼，甚至摆出十分厌恶的态度。

换教室上课的时候，同学会故意告诉我错误的集合教室，还会用能让我听到的音量说我的坏话。虽然没有对我施加暴力或者弄坏我的东西，但是每天处在被大量恶意敌对着的状态下，我感觉自己遭受了极大的伤害。我从小就是一个积极向上、

不甘心失败的小孩，可在那样的状态下，我不知道该怎么办才好。记得当时我每天都会偷偷流泪，那种被恶意攻击产生的孤独感……年幼时体会到的、独自在家的孤独感简直无法与之相比。

因为实在太过痛苦，我有一整个星期没去学校，想尝试重新审视一下自己。我问自己：是不是在不自觉的情况下让朋友不高兴了？是不是太强势了？是不是吹嘘自己演艺圈的工作了？我不停地转着脑子思考，可是实在得不出任何结果。最终结论是：自己一点错也没有！得出这个结论后，我无端地感到更生气了。这种环境我一秒都不想待了！于是第二天，我只去学校报了个到就旷课了。因为……因为我就是没错！

一天天过去，我始终不愿意上课，点了到就离开教室。校方也察觉了我的异常，即便如此，学校的老师却不想把事情闹大，一直视而不见，真的很过分。修学旅行的时候，同一组的同学都不理我，拒绝让我和他们一起活动。没办法，我只能独自逛那些神社寺庙。

如今再回头看，我发现自己没有关于中学时代的任何记忆。那段日子原本是那么宝贵，我明明应该拥有许许多多美好回忆的呀。

帮我熬过霸凌的，是歌唱和音乐上的伙伴

我没有选择逃离霸凌，而是选择寻找让我感到开心的场所。

我不服输，所以不想让霸凌我的人觉得我逃跑了，这样我会很不甘心。更重要的是，我的自尊心也不允许我这样做。想突破眼下的困境，该怎么办呢……想着想着，我决定主动寻找一个能让自己感到愉悦的环境。

幸运的是，我还有演艺圈的这份工作。在东京的工作室上课的那段时间，我可以忘掉被霸凌的烦心事，一心扑在歌唱上。学校的社团活动无法和工作同时进行，所以我没加入社团，不过，我可以把东京的工作室当成合唱部。如此一来，我就能度过充实的每一天了。

中学时代，我在原宿 BJ Girls 这个组合里活动，还确定了

个人出道，中途组合又改名为 CHIX CHICKS。就是这样的一段时期，工作方面的剧烈变化整日催逼我，光是追上那些变化都非常吃力，所以我也就没空郁闷了。

不单是工作，同组合的成员，还有工作现场的老师们也拯救了我。大家都站在平等的立场上和我一起聊喜欢的音乐，认真地对待工作。虽然我们年龄各不相同，可是一起工作的所有人，都是我能发自内心信任的伙伴。作为歌手，我想让自己的歌唱水平更进一步，希望有一天自己能让无数人收获感动。有他们在，我的这些愿望才更加强烈了。

在向歌唱这件事不断灌注心血的过程中，我的心境逐渐发生了变化。我希望自己可以顺利从中学毕业，所以学业上也更努力了。有时候我得请假，上不了学，于是我就自己努力学习，赶上学业。我从小就是“独处的天才”，没想到在中学学业上我也善用了这一点。

中学被霸凌的事情，我没和妈妈提。如今想想，真不知道自己当时是怎么忍了足足三年的。不过，妈妈好像也隐约察觉了，因为刚开始被霸凌时我的状态有点怪怪的。但是很快我就恢复了精神，所以妈妈可能觉得“这孩子应该已经把困难解决了”吧。

直到毕业后，我才把这件事告诉她。妈妈听了，吃惊极了。如果遇到霸凌的时候马上告诉妈妈，我的未来或许会和现在不同吧……不过，我当初咬紧牙关，在歌唱事业上努力拼搏的结果还是很好的。我想，当时感受到的悲伤、悔恨，也成了助我进步的动力吧。

如果你现在正遭受着霸凌，我想告诉你：如果忍不下去，你完全可以逃跑，也可以依赖他人，请他们帮你解决。还有，无论遇到什么事，都请珍惜自己。因为只要活下去，就能收获许许多多的快乐、欢愉。

高中是快乐回忆的百宝箱！
每天都过得超级开心！

进入高中，中学时代的黑暗过往一扫而光，我的高中时代全是开心的回忆！

从地方跑去东京上课实在太辛苦了，所以我选择了一所东京的高中，进入了演艺班。同班同学里有偶像、演员、平面模特还有 T 台模特，全是和演艺圈有关的人。

和同学们一聊我才发现，大家似乎都遭遇过霸凌。可能是因为从事演艺工作的人往往比其他同学更醒目一些，我们班上的同学都有过这样一段苦涩的经历。这也让我们产生了惺惺相惜的感受，于是，全班同学建立起了一种命运共同体般的感情。

我和朋友之间讨论的内容和一般的高中生不太一样。高中生的共同苦恼一般是未来的出路，或者和父母的矛盾等。而我们常聊工作的事情，还有和经纪人的关系之类的。因为全班同学都从事和演艺有关的工作，所以大家会互相给出各种各样的意见，我也曾为同学们加油、打气。

可以在学校里见到在同一领域工作的人，和他们一起生活，这种感受真的很新鲜！当年读中学时我刚刚出道，倒是也会见到一些同龄的业内人士，但仅限于工作场合。所以，高中三年，我每天在学校都过得特别开心。早上起来，我会开心地哼着歌去学校，上完课放了学，就和朋友一起玩耍，玩到声乐课开始为止。然后上课上到末班车发车前的最后一刻，再赶末班车回家……这就是我每一天的生活。我当时体力真好啊，睡眠时间非常短，还那么有精力，一定是因为能见到大家，我真的很开心吧。

而且，穿着学校制服上学是高中生的特权，这种感觉我也特别喜欢。其实我读的那所高中是允许穿私服上学的，可是我们谁都不会穿私服上学。因为大家都在演艺圈工作，唯独高中这段时间，我们都希望能过着普通的生活。穿校服，大概就是这种愿望的表现吧。还有校内的活动，记得我们所有人都超级努力地想要办好，也留下了特别开心的回忆。

高中生活是我三年满满当当的青春，当初选择了这所学校的我，实在是太幸运了。

读高中时，
我第一次交到了要好的朋友

高中时代我收获的最珍贵的宝贝，就是交到了非常亲密要好的朋友。

当时我不单和同班同学交流，也会和其他年级的前后辈交流、交朋友。其中一个如今还频繁联系的朋友，就是隶属于某偶像团体的 M 同学。

同学年的演艺班级里一大半都是演员、平面模特及 T 台模特，歌手其实非常少。以歌唱为主要工作内容的艺人，在整个学年都找不出几个。所以我在刚入学时显得有些特别，当时 M 同学是偶像团体的成员，特别受关注，我还听说 M 唱歌超级棒。不过我和她并不在同一个班。

如果有机会，真想和她聊聊。我在心里这样默默地想着，然后有一天，我在洗手间碰到了她。这是和她搭话的好机会！

想到这儿，我就和并排站在洗手池边的她搭话了。在这样的地方第一次接触，我其实有点担心会不会吓到她。但我实在忍不住！没想到，她完全没有讨厌我，马上就回应我了。只是简单聊了两句，我就发现我们俩超级投脾气，于是我直接问她："放学之后有空吗？"她当然点头了！

至今，我还很清楚地记得我们当天放学后一起去了一家位于涩谷的粥铺。在那里，我们谈到了进入演艺圈的契机和经历，还有喜欢的音乐……我们一连聊了好几个小时，话题一次没断过。从那天起，我们就每天都黏在一起了，从普通的日常生活到工作内容，再到恋爱话题，我们都会彼此分享，相处得非常舒心。我们基本上每天都会一起去唱 K，给对方唱和声，特别开心。

我们的主业都是歌唱，彼此的友谊也因为类似的工作才越发深厚，但是关于彼此的歌曲作品，我们好像并不常谈起。或许就是因为我们有着相同的梦想，也很尊敬彼此的专业能力，所以才不会谈及其余的话题吧。

更重要的是，想和眼前的好友分享快乐的心情超越了其他。直到现在我都非常依赖她，她在我心中是特别珍贵的存在！

高中生躲不开的恋爱话题！我当时一直很仰慕一位学长

读高中时聊得最热烈的，肯定是恋爱话题了！

我们几个关系好的朋友每天只要凑到一起就聊喜欢的人，还经常煲电话粥到深夜，有时候聊着聊着就睡着了。当时真的对恋爱好着迷呀。

我们学校里有不少情侣，大家都是艺人，所以每对情侣都是俊男美女的组合。因为担心被媒体曝光，所以大家多少抱着一种“恋爱仅限校内”的想法。大家心里都很明白这种限制，学校里的同学们往往会温柔地默默守护校内的小情侣们。

记得我当时也遇到了好像命中注定的恋情。当时我喜欢上了高我一个年级的学长。他特别擅长各种体育项目，性格也特别爽朗。学长个子很高，外貌也是我喜欢的类型，可以说是我心目中的王子吧！记得自己当时总是盯着他在操场上上体育课的样子，还会追在他身后，跟着他去学校的小卖部。每次见到学长，我都忍不住激动地哇哇叫。

真想和学长交个朋友；如果可以的话，还想和学长交往。所以第一次和他说话的时候，我紧张得都不记得当时聊了些什么。后来我又主动和学长搭话，距离一点点拉近，还要到了他的手机号，当时开心得简直要蹦起来！我把学长的手机号设置成闪着粉红色的来电显示，这样他的电话一打过来我马上就能接听到。

不过，我最终没能和学长交往。我们熟悉了之后，我马上就向学长表白了，但是被他拒绝了！不过他也没有因此疏远我，还是很坦荡地找我说话，所以我被拒绝后还是不愿放弃。情人节的时候，我还送了他巧克力。然后在学长毕业前，我又向他告白了一次，还是被拒绝了。

如此看来，我高中时代的恋情其实有点苦涩。不过，我当时也像少女漫画里画的那样，沉浸在一种闪亮的青春情结中，那段经历真的很棒。我想，过去为恋爱而苦恼的每一天，都将永远留在我的心底，我绝不会忘记。

光靠音乐无法维系生活。
打零工、做模特，也有不少美好回忆

在我的从艺生涯中，最没钱的时期大概就是 GARNiDELiA 组建的时候吧。

原宿 BJ Girls 和 CHIX CHICKS 时期，我还有所属的唱片公司，能拿到一定的工资。但组建 GARNiDELiA 并开始活动的时候，我离开唱片公司独立出来了，所以做任何事都得我们自己想办法筹钱才行。

虽然当时手头有些积蓄，但那些还没法支撑我离开家独自生活。不过，我还是想把生活重心转移到距离工作室和 live house 更近的东京这边。于是我开始在本地茨城的居酒屋打起了零工。那家店是一个大型连锁大众居酒屋，客流量很大，团体客人也多。我当时能单手拿起 5 个啤酒杯，一次能运送 10 杯啤酒呢。

在店内疯狂奔走的居酒屋打工体验，也成了我提升体力的好机会。我天生就不是个内向的人，所以很喜欢和客人聊天。在居酒屋工作，能接待不同年龄层的客人，聊天时的话题也相当广泛多变。

工作开始进入正轨，是在 GARNiDELiA 组建一年后。我也在那时辞掉了这份零工，开始了期盼已久的东京独居生活。那是我第一次独自生活，也因此明白了一人包揽全部家务有多辛苦。光是家务和工作就占据了我几乎所有的时间，护肤什么的只能靠边站了。我记得自己当时皮肤状态特别差。

再这么不重视外表可就糟了……正当我这样想的时候，一位发型师朋友联系我，问我是否愿意做杂志的美妆模特。一问才知，朋友提到的杂志就是我当时超爱看的原宿风时尚杂志，于是我马上答应了下来。第一次拍摄的时候，杂志编辑部的老师们就和我合作得很开心，所以自那以后，我也有幸为该杂志做了好几次模特。

我从小就特别喜欢读时尚杂志，没想到有一天自己也能上杂志。每次参与杂志拍摄工作我都觉得很刺激，也能从中学到最新的时尚潮流和美妆技巧，而且搞清楚了正确的护肤方法，改善了当时的糟糕肤质，真开心！虽然数次被编辑部的老师指名做模特，不过我的本职工作还是GARNiDELiA。因为担心模特工作可能会影响音乐活动，所以杂志这边我大概只做了一年就结束了。

虽然从社会经验的角度来说，这两份工作我做的时间都不长，但无论是在居酒屋打零工还是做杂志模特，都是我十分宝贵的经历。尤其是做模特的经验，也对我在GARNiDELiA的服装制作方面产生了极大影响。虽然当时因为不习惯摆姿势吃了些苦，但这些苦都没有白吃。在此，我想再次向当时邀请我的发型师朋友和编辑部的老师们道声谢，谢谢大家了！

在中国收获高人气，全靠《乘风2023》成员们的支持

在中国收获人气后，最开心的事就是在无数粉丝的围绕下为大家表演，还有获得了家人一般的伙伴。她们就是出演《乘风 2023》的成员们。

《乘风 2023》是中国的一档舞台竞演类综艺节目。它聚集了演员、歌手等各个领域的女性，大家齐聚在舞台上竞演，展现着自己。参加这档节目的不单有中国本土的女性，也有海外的，我就是其中一员。

得益于《极乐净土》的大火，一部分中国朋友也认识了我。不过，在中国，《乘风 2023》是一档老少咸宜的国民节目。我们在节目里属于完全无名的新人，所以得先努力让大家记住我们的名字才行。为此，我拼了命地学起了中文。

节目组是配有翻译老师的，我其实不必拼命学中文。可是，我希望通过我自己的声音，用语言真实地表达我的想法。所以我就拿着词典，主动去和《乘风 2023》的演出成员们搭话，就这样，我们的交流也越来越多了。很快，彼此的关系也变得很亲密。因为成员们还会一同生活，所以我们虽然存在竞争关系，彼此的友谊却非常深厚。尽管这个节目的“闭关”时间很长，会让人有很大压力，但在此期间，我们所有人都在鼓励着彼此。

说实话，刚开始我有点害怕大家，心里发虚。作为来自外国的“竞争对手”，万一大家对我很严苛怎么办……我正是怀着这样的不安来参加节目的。然而，大家的温柔拯救了我的不安。那些我听不懂的中文，大家会帮我解释，还会细致地教我各种中国的文化和习惯，甚至会事无巨细，超级贴心地问我：“有没有好好吃饭呀？有没有遇到什么困难呀？”在这一群成员里，我简直变得像最小的妹妹一样。

其中和我尤其亲近的是歌手刘惜君，韩国女子组合 f(x) 成员 Amber，还有越南的演员、歌手芝芙。我们至今依然经常联系，一有机会就会相约去吃饭。只要和她们待在一起，我就能获得能量。也是因为拥有这些朋友，在中国的忙碌日子里，我才得到了治愈。

没有《乘风 2023》的成员们就没有如今的我，我也不会在中国收获这么高的人气。能加入这群成员，真是太好了。我爱你们所有人！

无可替代的家人们，驱散了我的不安和焦躁

不气馁，不沮丧，不放弃——我能拥有满腔的勇气，都归功于我无可替代的、宝贵的家人们。

尽管童年时我曾品尝过寂寞，但是外婆和妈妈依然给了我许许多多的爱，所以我的想法一直很积极。没有大人在家，内心很不安的时候，多亏有弟弟这个强大的伙伴在身边，我也就不那么寂寞了。还有钢琴教室的老师，他直到今天都会去看我们的演唱会。所以在我心里，老师也是守护着我的、家人一般的存在。

高中时交到的好朋友、《乘风 2023》的成员们，我和她们的关系也和家人一样。当我遇到困难时，她们会向我伸出援手，给我勇气和希望，给我新的力量。她们都是我生命里非常重要

的存在。

在当下的我心中，最最重要的也是我的家人们。音乐行业的工作很严苛，也很不稳定。或许是出于这种原因，我非常依恋和他人的接触。即便工作推进得很顺利，每天都很忙碌，我也时常会觉得寂寞。这或许也是我那从小就害怕寂寞的天性使然吧。

回到家时，有家人等着我，光是这样我就觉得好安心。对我来说，家人是我最有力的伙伴。在演唱会上见到无数粉丝，站在舞台上表演的时候，我真的很开心，感觉自己无惧一切。尽管在大家面前是那样的，可我不时也会感到不安，感到害怕，有时甚至想大喊："真的不想干了！"

能够接纳我心中的那些消极情绪的，正是家人。说出"加油哦"这句话很简单，但只有当身边真正有家人陪伴，我才会产生"我还要再加油！"的想法。这两三年我在中国工作的时间变长了，能和家人一起生活的时间可能只占一年的三分之一。但是只要有家人在，那种绝对的安心感就能治愈我的心。

珍贵的家人，出色的朋友，有了他们的支持，我觉得自己可以一直一直唱下去！

有问必答

MARiA的私人问答 Q&A

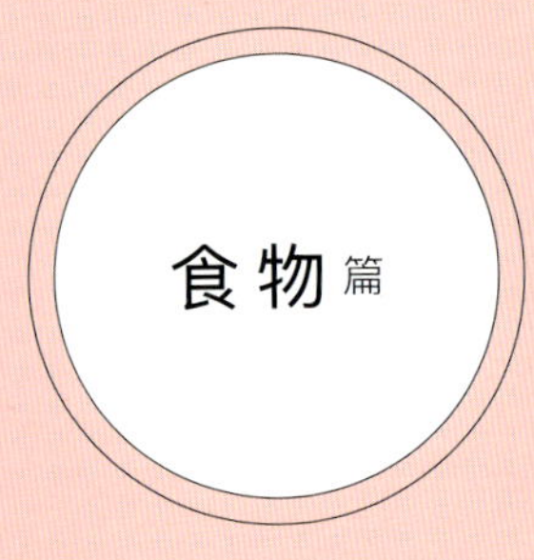

看上去，

我的个人生活似乎很神秘？！

其实，我爱吃、爱喝、爱聊天，

也爱笑……

我的个人生活充满了以上种种。

那么，关于个人生活的提问，

我会在这里逐一做出回答！

Q：*最爱吃的食物是什么？*

A：**虾！超辣料理！**

打从记事起我就超级爱吃虾！！！

最喜欢的就是虾的弹牙口感。

炒着吃、生吃还是水煮，

无论怎么做都好吃。

真是最棒的食材了，超爱！

简直想天天都吃！

Q：*最喜欢的甜点是什么？*

A：**其实，我不太爱吃甜点！！**

可能偶尔会冒出想尝一尝的念头，

但是像蛋糕一类的点心，我连一块都吃不了。

吃一口就满足了！

我其实更喜欢咸口的食物！

Q：*听说你很喜欢吃冰激凌？*

A：**是的，我爱吃冰激凌！**

尤其是**薄荷巧克力味道**的。

为什么我会喜欢薄荷巧克力口味来着……

嗯，感觉清清凉凉的，很美味，是吧？

然后就是长得好看，薄荷巧克力很可爱。

Q：最喜欢哪种酒？

A：呜啊！！好难选！！！

不过，**应该是啤酒吧？**

我每天都喝啤酒（笑）。

然后就是**芋烧酒**[1]和**红酒**！

啤酒总带着一种奖赏的意味，不是吗？

努力之后作为对自己的犒劳，挺不错的。

奖励自己在工作上那么努力！！

我很喜欢这种褒赏的感觉！

然后旅行时、工作时，

我都会品尝当地的啤酒。

这种能够享受到无限乐趣的感觉，

我特别喜欢。

Q：喝酒的频率如何呢？

A：**除了超级忙碌的日子，**

每天都会喝！！！（笑）

Q：有没有心仪的餐馆呢？

A：我有很多**朋友都开了餐馆，**

那些餐馆我都很喜欢。✨😊

而且，我会和常去的餐馆老板成为朋友，

于是"好朋友餐馆"就这么越来越多了。

真开心！

Q：有没有不太喜欢的食物？

A：**没有！！！是的！！！（笑）**

非要说的话，

顶多就是没有那么爱吃甜食吧……

Q：每次去中国，一定会吃的美食是什么？

A：**小龙虾！我超爱！**

然后就是那些凉菜！嗯！

Q：在中国品尝到的哪道菜让你感动？

A：**那肯定还是小龙虾！**

日本没有吃小龙虾的习惯，

所以刚开始吃的时候，我还挺犹豫的，

没想到那么好吃，啊啊啊啊！

把我感动坏了！！

然后它就成了我的最爱！

现在我在大家眼里已经是

小美＝小龙虾了！（笑）

Q：最擅长什么料理呢？

A：**我超喜欢做饭，**

什么都会尝试！

因为会做各种各样的菜，

所以我也不清楚自己最擅长什么了！（笑）

我究竟擅长什么料理啊？

嗯，应该是擅长用冰箱里的食材，

挑战各种各样的料理吧！（笑）

1　以红薯（芋）为主要原料、使用中国的蒸馏技术酿造的酒。

Smile, Smile, Smile!

笑容最重要

始终面带微笑，这就是我的人生信条。

能一直唱下去，

就是因为我想为大家带去欢笑！

而且，看到大家的笑脸，

我也会更振奋。

想日日展露笑容，

最重要的就是保证心灵和身体健康！

那么，就让我来为大家介绍美依礼芽流健康法吧。

笑容的力量无限大！
它能让自己和身边的人都元气满满

微笑着的面庞总能给我带来很大的能量，是比任何事物都闪耀的存在——外婆、妈妈、我珍贵的朋友还有粉丝，大家的笑脸都是如此。待在一个充满笑容的空间里，无论有什么烦恼，都能一扫而光。

只要笑起来就能让心情振奋，这是我在童年时明白的道理。独自留守在家时，那种寂寞的情绪会愈演愈烈。于是，我有一次突然意识到：哭哭啼啼也没用，应该用笑容给自己勇气！

从那一刻起，越是感到寂寞，我越是会有意去笑。在中学被霸凌的时候，还有 CHIX CHICKS 解散的时候，我都没有在工作的同伴和家人面前表露过悲伤，因为这样才能自然而然地让情绪变得积极些，心情也能随之放松。

或许是因为这么多年来我一直会有意摆出笑脸吧，如今，我能很自然地笑出来，即便只是些微的欣喜，嘴角也会立刻扬起来。那种快乐的情绪就这样瞬间从扬起的嘴角流露出来。虽然在工作中我不会采取情绪化的行动，但如果与“快乐”有关，就另当别论了。我的身体和内心都会自动向“让气氛再快乐一些吧！”的方向努力，演唱会上的表演就是最好的例子。我想，我会产生这种条件反射，一定都是笑容的力量。

当然了，直到今天，我依然会遇到一些需要有意摆出笑脸的情况。第一次参与的现场、初次见面的对象，这些都会让我紧张得心脏怦怦跳。如果这种状态长时间持续，处在这个空间中的所有人就都会被紧张感环绕，气氛也会变得越来越差……这种时候，就轮到“笑容”出场了。摆出微笑，再说点有个性的“怪话”，就能让气氛变得轻松起来。只需一个笑脸，就可以鼓舞大家的情绪，让所有人放松下来，共同构筑起良好的关系。

有时候，特意摆出微笑也会让我感到疲惫。这时候，我一定会专门安排一段让自己开心起来的时间：和朋友闲聊、看一些好

玩的视频、品尝美味的食物……每一天的微笑累积起来，就能变成一条通往快乐人生的路。所以，我也希望大家都能笑一笑。如果你不知道怎样才能笑起来的话，那就来我的演唱会吧！

人生最大的危机！
我突然不会笑了

怎么办，我根本笑不出来……出现这种情况，是在永远难忘的 2023 年秋天快要结束的时候。《乘风 2023》是从 5 月开始录制的，当时我已经在中国生活了将近半年，但我还是适应不了当地的环境，很痛苦。

在参加《乘风 2023》前，我一直觉得自己是个能够适应任何环境的人。但是，在中国的生活比想象中更令我应接不暇，光是努力适应就耗尽了精力。我语言不通，日本的一些常识也不能搬用，平常会做的事也做不到了。还有饮食、气候……压力来自方方面面。如果能将它们一一解决，我的情绪应该会稳定不少，但是工作本身已经几乎占去了我所有时间……

有一段日子，我一回酒店就开始哭，感觉自己被压力和疲劳击垮，想回国的情绪越发高涨，沉浸在难过情绪里的时间也越来越长了。我想，自己当时应该也给周围的工作人员带来了不少困扰吧。虽然难过，但我还是提醒自己“要用我与生俱来的微笑去面对，我能克服这些困难”！于是我努力扬起嘴角。但不知为何，我感觉自己的脸好僵。以前大家都称我是积极的代名词，可是那时，我竟然笑不出来了。

因为不会笑了，我的精神状态也变得特别不稳定。原来内心丧失了余力，竟然能把一个人逼到这样的地步啊……即便做着最喜欢的工作，身处备受照顾的环境之中，只要失去那种松弛感，精神立刻就会崩溃。

我从这段经历中吸取了教训，现在会定期好好地关怀、安慰自己。一个人从出生的那一刻起，就一直和自己的身心一同生活着。我建议平时一直努力拼搏的朋友，最好定期逗自己开心一下。不时哄一哄自己，这很重要。

《乘风 2023》
帮我找回了笑容

我失去笑容是因为出演《乘风 2023》，再度找回笑容，也是在《乘风 2023》。

当我的精神状态岌岌可危时，正好到了回日本的时候。我准备借这次机会转变一下心态，让自己开心一下。回国后，我积极地安排时间，尽量和外婆、妈妈及亲近的朋友们待在一起，让自己暂时忘记工作的事情。

和能让我内心平静的人聊过之后，一直以来的不安和压力顿时获得了缓解。第二天，我开始冷静思考自己的处境。

《乘风 2023》是中国高人气的综艺节目，我是唯一有幸参与其中的日本人。这个节目说不定能成为我走向世界的最棒的舞台。明明获得了如此奇迹般的体验，却因为自己情绪不好，没留下任何结果就让一切不了了之，这也太浪费了！一番审视过后，我再度告诉自己：这样的好机会，真的非常难得！

从那天开始，我转变了想法，决定再次努力向前看。也是在这段时期，我开始想要主动和《乘风 2023》的成员们加深交流，积极找大家聊天。我拼命学习中文，也常提醒自己要表现得开朗一些。转变观念之后，我在中国的生活越来越开心，笑容也自然而然地回到了我的脸上。与此同时，也有越来越多的观众开始支持我。成功进入总决赛的时候，我的脸上展露出了最棒的笑容。

经历了《乘风 2023》后，我的工作方式也发生了很大的变化。演艺工作乍看上去似乎有时间休息，其实要做的事情非常多，很少有能彻底放松的时候。这在行业内属于默认的规则，所以大家往往从年轻时起就很少休息，一直在努力向前奔跑。因为做的是自己喜欢的工作，我几乎从没产生过很“难熬”的感受。虽说如此，倘若没有空闲去滋养自己，能量迟早会用完。即便是人类，也需要给自己安排一个充电的时间，否则电池会耗尽的。

我在《乘风 2023》收获了许许多多的关注，如今的我每天都过得十分充实。而且，我还获得了无敌的武器，那就是“最棒的笑容”。有了它，我就什么都不怕了！

随时都能展露微笑！
美依礼芽流方法论

只有身心健康，我们才能笑得出来，所以一定要记得取悦自己。我会每天奖励一下自己。说是“奖励”，其实并不是花很多钱去买很贵的东西，或者品尝高级料理什么的。我每天都会做的，是喝一杯充满爱意的水！

开始做这件事，还是源于我在中国、日本两国奔走时读的一本书。从2023年起，我坐飞机辗转的时间变多了，飞行过程中我一直都在努力读书。因为当时每天情绪都不太稳定，所以我学了不少心理学方面的知识。在我读过的那些书中，印象最深刻的就是“对一杯水说些正向的话，然后再喝下它，这样做对身体有益”这个建议。这样做不需要花钱，而且轻轻松松就能坚持。于是，我转天就尝试了一下。

做法很简单，早上起床后倒一杯水，对这杯水说：“谢谢你给了我如此完美的一天！”然后把它喝光。几分钟就做完了，不会三天打鱼，两天晒网。我就这样坚持每天喝一杯水，不知不觉间，自己的状态变得非常好，而且皮肤方面的苦恼也解决了。当时的我因为压力太大，皮肤状态很差，每天喝这样一杯水后，肤质逐渐恢复，大家也开始夸我“皮肤真不错呢”。

喝水的办法奏效后，我也开始努力对自己的身体说些正向的话呢。我会伸出双臂抱住自己，然后对自己说：“我一直都非常感谢你！”这样做，我筋疲力尽的身体会自然而然地涌出新的力量。这是真的，语言的能量实在是太不可思议了！

“这不就只是一种自我暗示而已吗？”

或许有人会这么说，我觉得也没说错啦。可是当一个人身陷困境时，他往往会无意识地轻视自己。这么下去，身心都会疲惫不堪，健康也随之彻底崩溃。想要加油前进，为自己注入满满爱意真的很重要。这个方法不需要花钱就能激励到自己。如果感兴趣的话，请大家一定试试看哦！

让我露出最棒的笑容的，是来到现场的粉丝们！

每一天微小的自我奖励固然重要，当然还需要更大的自我犒劳！比如，蒸一蒸喜欢的桑拿，或者出门旅行，这些都非常适合用来转换心情。不过，最能振奋我情绪的一定是现场演出。打造一次演出的舞台要花费很多时间，需要很多努力。为了准备正式演出，需要付出非同寻常的辛苦。

不管吃过多少苦，演出开始的那一瞬间，所有辛酸顿时烟消云散。粉丝们看到我站在舞台上的样子，会大声呼唤起来，会开心地笑起来，大家都是那么闪闪发光，连我都忍不住想一起高呼。真想让大家也看看我眼中的光景呢！

最近一次印象深刻的演出，就是 2024 年 6 月的日比谷野音演唱会了。那天，女孩子们化了超级可爱的妆容，做了美美的发型，盛装来听演唱会；男孩子们也穿得时尚帅气地来见我。结果，演唱会一开始，就下起了瓢泼大雨……（苦笑）天气这么差，大家依然用最棒的笑容欢迎我们出场。那一天，大家的微笑，我永生难忘。

自 2023 年起，我有幸在中国开办演唱会的机会一点点增多，也获得了很多中国粉丝的温暖应援。在中国，我的昵称叫小美。每次听到大家喊着“小美”对我欢呼时，我都会有种好新鲜的感觉。中文的应援也分好多种类，特别有意思！

虽然国家不同，但我印象最深的依然是粉丝们的笑脸。即便语言不通，最爱的音乐也能很自然地让大家心意相通。唱着唱着，通过大家表情的变化，我就能感受到现场的气氛逐渐升温。表演开始后，整个会场都渐渐地热烈起来。大家的表情，也渐渐化作最棒的笑容。我忍不住再一次感慨，音乐的力量太强大了！

全身心沉浸在演唱会上大家那最棒的笑容中，是唯有我可以独享的礼物。在这样的时候，我会发自内心地觉得，从事这份工作太幸福了。明明是我想为那些孤单的人带去笑容的，可没想到，我反而成了收获无数微笑的一方。我可真是个幸运儿啊！

不论多艰难、多痛苦，也绝不说消极话

进入演艺圈之后，我始终坚持绝不说“消极话”。这里的消极话，指的是所有会让情绪低落的话，一些退缩的、负面的表达就属于这个范畴，说别人坏话也绝对不行。和家人、朋友在一起的时候，还有工作的时候，除非遇到非常极端的情况，否则我都会尽量使用积极的表达。不知不觉间，我发现自己好像一直在讲些好笑的话，我这个人还挺擅长发掘一些有趣的细节的。

虽然我平时一贯乐观，也很喜欢聊些让人开心的内容，但偶尔也会下意识说些不好的话。比如工作不太顺利，感觉进退两难的时候会忍不住提高嗓门……每当遇到这种情况，我会马上找补几句，缓和气氛。话一说出口就没法收回，所

以才要用饱含歉意的表达来冲淡刚刚那番发言透出的负面情绪。

我之所以那么在意“消极表达”，是因为相信“言灵”的存在。如果一个人总说些消极的话，那他看待任何事都会很悲观。如果想要维持住那种开朗向上的情绪，那么越是痛苦的时刻就越应该重视快乐这件事。

有了在中国开演唱会的体验后，我的这个想法就越发强烈了。身处不熟悉的环境中，我经常会面临一些在日本不常发生的状况。遇到麦克风发不出声音的情况时，我就笑着提高声音唱下去，让气氛热烈起来；如果舞台灯光突然灭了，我就在暗下去的舞台上拼命比画动作，逗大家笑，让情绪缓和下来，别那么严肃，这样才能让处在同一空间中的所有人都感到快乐。

吐露不安、不忿、不满等情绪，都是缺乏自信的表现。当然了，我也会有缺乏自信的时候。但是，如果能把这种负面情绪控制住，不说出口，转而让快乐的情绪升华，就能继续在值得珍爱的人身边工作下去。或许也正因如此，我才能不断收获新的工作，获得如此精彩的“现在”吧。

于我而言，保持健康最好的方法
就是一直站在舞台上！

我一直觉得自己的体力比别人好很多。一个月里，我会往返中国、日本好几次，每个月还会开一次演唱会，但一向和“身体状态不好”无缘。有时还会有同行问我：“你是不是接受过什么特殊训练啊？”其实并没有啦。比起去健身房锻炼，我会选择优先保证睡眠。从2023年开始，我就不间断地忙碌着，很多时候我都是一回到家立刻洗澡、打个盹，睡醒了又马上出发。

幸运的是，我嗓子挺强韧的，一直没遇到过嗓子很痛的情况。2023年实在是太忙了，我也担心过万一嗓子出现问题了该怎么办，但不知为何，那一年我的状态好极了。我其实不是没遇到过状态不好的情况，甚至还会提前和调整麦克风音量的工作人员商量，“今天稍微帮我提高一点音量吧”。不过一到正式演出的时候，我的声音就彻底恢复了原本的状态。或许是站在那么多的粉丝面前肾上腺素飙升的缘故，我总能在舞台上突破极限。

排练和在台上表演，这些工作都会对保持体力产生很大的影响。毕竟要穿着高跟的靴子边唱边跳，练着练着自然就提升了体能。那些动作真的很激烈，我有时候觉得自己简直像个运动员。在众多艺人中，我在演唱会上的运动量也算非常大的了。多亏我从小学时候起就在演员工作室学习，锻炼了基础体能。如今真的很感谢当时那个认真练舞的自己。

能远离伤病和喉咙不适，还多亏了我在平凡的每一天里的努力，以及粉丝们的应援。还有，录制《乘风 2023》的封闭训练时间长得可怕，我感觉自己的精神也被这档节目锻炼得像钻石一样坚强了。这也让我在面对忙碌的生活时，能够精神强大地闯过难关。

最近的忙碌状况超乎我的想象，感觉也差不多快到调整一下身体状态的时间了。从事这份工作，我的身体就是“乐器”，身体一垮我就没法活跃在舞台上了。而我最大的愿望，就是能一直以精神饱满的状态站在大家的面前。

想拥有最棒的笑容，秘诀是扎实的努力和疗愈的时间

想始终面带微笑地坚持做自己！

每一次站在舞台上，我都提醒自己，一定要坚持着这个愿望走下去。这想法听上去简单，实践起来其实很难。为了展现最棒的表演，我要求自己在准备阶段就达到百分之百的完成度，所以每次排练时都会拼了命地练习。舞台调度方面我也会和工作人员认真商量，尽量关注每个细节。一步一个脚印地努力，不断积累，自然让我有了创造微笑的能力。

最近出演中国电视节目的机会变多了，录制节目的过程非常开心，每次我都能有新鲜的体验。不过录节目和开演唱会不同，它会逐渐积攒精神上的疲劳。或许是因为那些工作与录制日本电视节目不同，我总是感到紧张吧。要是这个状态再持续下去，我怕自己会再回到《乘风 2023》开始半年后那段精神“摇摇欲坠”

的状态。为了防止这种事态出现，我最近会尽力在有限的时间里多为自己创造些放松的机会。

最应予以重视的就是“疗愈的时间”。就算忙得筋疲力尽，我依然会尽量让自己泡个澡。我给自己立了个“规定”，泡澡的时候要配合当天的心情挑选入浴剂。我在家里储备了许多式样的入浴剂，去中国的时候我还塞了好多在旅行箱里。被自己喜欢的香气环绕，舒舒服服地泡个澡，这样能缓解紧张感，让我睡得更香。

往返中国、日本时，除非特别疲惫，否则我一定会读书。于我而言，心理学方面的书就像护身符，只要精神感到疲劳，我一定会读一读这些书。再加上从 2022 年起担纲了不少动画和游戏的合作曲，所以我会利用移动时间来了解作品。我们合作的作品，每一部都非常有趣，在了解作品的过程中，时间转眼就过去了。

在我的人生中，治愈的时间和扎实的努力同等重要，两者都不可欠缺。从今往后，我依然会按照自己的步调，灵活运用时间，努力把最棒的笑容带给所有人！

有问必答

MARiA的私人问答 Q&A

舞台上，服装和妆容要华丽、醒目、闪亮、炫酷……

这些都是基于表演概念和舞台呈现而设计的，

其实我私下里服饰打扮都很随意。

Q：对私服有什么讲究吗？

A：比起流行的服装，

我更倾向于从自己**适不适合、喜不喜欢**的角度出发去选择。

我比较矮，

所以想找到合适的衣服还挺不容易的。

要选适合自己尺码的衣服才行。

Q：对你来说，什么是时尚？

A：**就是表达自我的东西。**

是能让情绪昂扬起来的东西。

Q：在时尚方面会参考什么人吗？

A：参考那些**走在大街上时和我擦肩而过的人。**

一旦看到让我觉得“啊！好可爱！”的路人，

我就会偷师！

时尚方面，以前我会阅读杂志，

现在我更倾向于从感觉出发去做选择！

Q：在时尚和美妆方面，是从几岁时开始“觉醒”的？

A：几岁来着啊啊啊？！

因为我**外婆就是个非常时髦的人，**

所以**从我很小的时候**起，

家里人就拿我当洋娃娃似的，

给我买好多好多可爱的衣服换着穿，打扮我。

Q：在时尚美妆方面“觉醒”的契机是什么？

A：**我觉得这方面外婆给我带来的影响也很大。**

外婆会说“不许穿丑衣服出门！”，

还会严格检查我的时尚穿搭！（笑）

Q：在发型和妆容方面有没有什么讲究？

A：在不同妆容下，我的脸给人的印象反差很大。

所以**眼线的画法**，还有**假睫毛**，

都是我比较在意的点！

然后是**腮红**还有**眉毛**！

长大后我才注意到，

这两点真的特别重要！（笑）

Q：化妆时最讲究的部位是什么？

A：**眼睛••！！绝对是眼睛！！**

Q：私下里化妆会花多长时间？

A：我私下里**特别随意**的。

平时化妆，

顶多就是涂个防晒打底，

拍拍散粉就结束了！（笑）

五分钟都用不了！

如果遇到要稍微打扮一下的情况，

我会涂上带闪的眼影，

然后只在眼尾画一下眼线，

差不多就是这样了。

因为我平时会做睫毛，

所以一般是不化眼妆的！

Q：在护肤方面有哪些比较在意的点吗？

A：因为要站在台前，

所以理论上是应该非常注意的，

但其实包括基础化妆品在内，

我用的大多是别人送我的产品。

其实并没有什么特别在意的点。

因为我几乎每天都得化妆，

而且经常坐飞机，

为了防止皮肤干燥，

我基本**每天都要敷面膜！**

第四章

I Love China!

中国是我的第二故乡

如今，对我而言，中国就是我的第二故乡。

而这缘分始于 YouTube 上的那首《极乐净土》。

在中国，很多人都听过这首歌，

因此我突然收到了来自中国的演出邀请，

并且参加了综艺节目《乘风 2023》的录制。

超越语言和文化的隔阂，

我深深地喜欢上了中国，

接下来，我想聊聊自己和中国的缘分。

《极乐净土》独当一面，是它把我带到了中国

“要不要来中国演出？”

2017年的某一天，一位从未见过的中国制作人突然联系我。“这怎么可能？”“这个人在说什么啊？”说实话，这就是我当时的感想。所以一开始我谨慎地回绝了对方的提议。可是对方丝毫不气馁，还断言：“我有自信，一定会让你的演出成功！”我询问原因，对方告诉我，我们的歌曲《极乐净土》在中国很火。这件事怎么完全没有传到日本啊！这是真的吗……我心存疑惑，但还是“屈服”于制作人的热情，最终同意去中国上海演出。

反正演出会场也没几个人吧……我是带着这种有些消沉的情绪迎来正式演出的。结果，有3000个座位的会场竟然坐满了。那种冲击感，我至今仍记得很清楚。那时我才真切地知道，《极乐净土》真的在中国很火。虽然当初的确是面向海外制作的这

首曲子，但我们没有做任何营销工作，所以真的没想到这首歌能在中国火起来。

去了中国之后，我又问了当地人对《极乐净土》的印象。据说有很多女生看过 2016 年上传的《极乐净土》视频后，产生了“自己也想跳跳这首曲子”的想法。于是大家真的试着跳了，还纷纷录制并上传了视频。还有很多动画粉丝夸奖我：“像动画角色一样！”听说很多人也是因为这首歌开始对 GARNiDELiA 产生了兴趣。对此，我真的很感动！

从那次起，我在中国的工作也逐渐变多了。不过，当时我们还只是在喜欢二次元的动画粉丝，以及在 Bilibili 上看过我们视频的一小部分粉丝中拥有人气。距离人气爆发还差得很远。如果能抓住这个机会，让中国的粉丝增加就好了……定下这个目标没几年，我们就幸运地收获了许许多多在中国演出的机会……人生，真的会发生许多意想不到的事呀！

好棒的称号！
中国的粉丝称呼我为“二次元的神”

视频的传播能力太强了。仅是一段《极乐净土》的视频就有无数观众看过，YouTube 的播放量甚至超过了一亿次。回复栏中竟然有 3 万条以上的留言，还有留言说“一直到现在我还会看呢”。不单有日语和中文的回复，还有很多其他语言的回复。来自全世界的人似乎都看得很高兴，看到这么多的回复，我也开心极了。

从时间来看，其实视频在 Bilibili 推广开要比在 YouTube 更早些。不过中国这边有大量的二创投稿，所以当时大部分人的感受是“听过这首歌，但不知道是谁唱的”。不过，其中也有一部分硬核粉丝对我的唱跳产生了兴趣。据说视频中华丽绚烂的服装和极具趣味性的舞蹈会给大家一种仿佛动画角色般的感

2023/9/24 @成都

觉，因此我们的作品在动画粉丝中收获了很高的评价。随后，大家便把我当作类似二次元角色一般的存在，我们的知名度也渐渐提升了上去。

推动我参加《乘风 2023》的也是二次元粉丝们。他们赋予我“二次元的神”的称呼，我才拥有了这次机会。他们希望能有更多的人认识我，才促成了我参与中国综艺节目这件事。出演该节目后，在中国最富影响力的社交平台微博上，出现了不少写有“二次元角色降临三次元世界”的文字。听说，这样做也是为了让那些还不知道我参加了这档节目的动画粉丝来支持我。

很多不认识我的人解开了困扰多年的谜团，知道了“原来她就是那个唱《极乐净土》的歌手啊”！同时带来了另一层冲击：事实上，在播出前的投票活动中，有的参演者获得了 100 万票，而我连 2 万票都未拿到。但是从初舞台播出后的 2023 年 5 月 5 日第二天傍晚开始，我的投票数开始飙升……从 1000 万到 2000 万，5 天的时间，我竟然拿到了 3000 多万票，获得了第一名，也登上了微博热搜排行的前几名。听说，连电视台的工作人员也在问："究竟发生了什么？"

通过《乘风 2023》的初舞台，大家知道了我的存在。这是《极乐净土》播下的"种子"，被动画粉丝热情应援的"水"浇灌而结出的成果。在这部作品问世 7 年后，我能从日本飞到中国，并受到如此广泛的关注，真的很幸福。

说实话，来中国前，我“有一点怕”

因为中国演艺圈的各种信息完全不会进入日本，而为了参加《乘风 2023》的录制，我必须独自去中国，说实话，一开始我挺害怕的。为了多收集些中国演艺圈的相关信息，我还在网上努力搜索，但被译成日语的内容真的特别少。就算记住了中国的一些高人气艺人，演艺圈的具体情况还是很难弄清，所以一直到正式演出前我都在怀疑自己：我的表演方式真的适合中国的环境吗？

我看到《乘风 2023》参演名单上的 33 位成员，姐姐们给我的印象都是又帅又美——既高又苗条，而且特别性感，一举一动都像模特一样潇洒。我的身高只有 152 厘米啊，在旁人看来，我就像误入大人堆里的小孩子一样吧。在一众参赛选手中，有一个语言不通的日本人，我的存在应该挺突兀的。“如果不主动和大家聊天的话，我肯定会被孤立。”因此，尽管我只会些简单的中文，但还是努力比画着，拼命和大家交流。

当时的我显得要比平时还要情绪高涨，好像还经常会做出很夸张的反应。当时我一边在心里琢磨“是不是做过头了？”，一边又告诉自己“不拼尽全力给反应的话，我的情绪就传达不出来了”。成员们看到我努力想融入中国的样子，或许也产生了“不能放着不管她呀”的感觉吧，于是，有的成员会专门带着电子词典来主动和我聊天，问我“有没有遇到什么困难？”。大家真的都特别好，对我特别温柔。直到出发前我还是很怕的，可等到反应过来时，我已经深深地迷上了中国。

参与节目的时候，我得到了“小美”这样一个昵称。中文里的“小”类似于日语里的“ちゃん”，这个昵称意译出来就是“可爱的孩子”。我参加节目的时候已经31岁了，所以刚开始听到这个昵称时还有点不好意思，但如今这已经是我超爱的昵称了！

多说一句，据说toku先生的昵称是“特酷”，意思是“超级帅哥”。他本人貌似有点想换掉这个称呼呢。

能在中国打拼，多亏了大家温暖的话语

中国不但国土面积辽阔，在情感表达方面也很大气。我能熬过《乘风2023》的严酷录制，多亏了一直温暖鼓励着我的众多粉丝。我的微博上有许许多多特别让我感动的留言。截至2025年2月4日，微博上关注我的人数已经超过了327万人，在日本女性艺人之中排名首位，我实在太光荣了！

不单是在社交平台上，大家还会面对面地给予我温暖的鼓励。有一次我们去上海工作，有中国的朋友在机场直接用日语说“我听过你们的歌哦”。当时toku先生也和我在一起，我们俩都感动坏了。我最爱的《乘风2023》的成员们，也都是拥有着深情厚谊的姐妹。在我遇到困难的时候，大家总会陪伴我；在我烦恼的时候，也会和我谈心。

虽然中国的各位对我的喜欢是以《极乐净土》为大前提的，但是了解了我真正的个性之后，大家或许也从中收获了一些共鸣吧。据说，谈话类综艺在中国的电视节目中占绝大多数，许多歌唱类节目中歌唱的镜头反而不多。中国的电视节目如此重视谈话，可我能说出来的中文只有只言片语。不过我也听说，我用刚学到的中文开朗又有元气地讲话的模样，给很多观众留下了深刻的印象。而且我是使出了全身的力气去讲话的，因此不少人觉得我讲话时的动作也很有趣。

与此同时，我的工作经历、成为艺人这一路上吃过的苦，还有私下的生活方式等内容，也在《乘风 2023》中有所展现，这似乎也成了我获得喜爱的原因之一。一般情况下，艺人通常会隐藏舞台之外的不同面貌，因为这样做比较有神秘感，会更受欢迎。不过，听说在节目里稍微展现一些艺人的真实生活，观众也很爱看。尤其是我这种在日常生活里比较有个性的成员，节目组还会用上一些剪辑手段。他们还会在我走路的时候，为我配上“嗒嗒嗒”的效果音呢（笑）。

2023/9/30 @上海

因为我平时的模样像个“动画角色”，但是唱起歌来声音挺洪亮的，所以不少人说我具有“反差萌”。我没有勉强掩饰自己，而是坦率地展现出我本来的模样，真的很感谢大家愿意接受我。从今以后，也请多多关照“小美”喽！

和外国文化交流的每天都很迷茫，但超有趣！

我特别喜欢中国的演艺圈！讲话讲得清楚明确，从好的意义上讲，也会比较“随意”，非常符合我的个性。在中国，大家普遍很重视自我主张，这可能和日本人的行为模式有很大区别。但与此同时，中国的朋友对我一向很宽容。就算有些失误，大家也从不会责备我，而是会表现出“失败也没办法啦，你平时一直很努力，所以别放在心上！”的感觉。

我第一次出演歌唱节目的时候，节目组的工作人员突然对我说：“你的服装不合适，得换掉。”如果换作日本的工作人员，大概不会这样表达。他们或许会说：“你现在穿的这身衣服也很棒啦，但我们想看你穿其他服装的样子。”因为这样表达不容易产生冲突，可以较为圆滑地推进工作。

不过，中国的工作人员讲话一向都是直来直去的。我一边心里想着“也可以换种方式表达啦……”，一边乖乖换了衣服。看到我换好新衣服后的模样，工作人员情绪高涨地夸我：“很漂亮！真的超棒欸！”这样说让我感觉对方的夸奖特别真心实意，所以我听了也非常高兴。

在节目制作方面，录制时长简直是在日本根本想象不到的程度。经常一等就是四个小时，录制结束的时间也总是比预定时间延后很久。如果是在日本，出现这种情况应该算遇到严重问题了，但在中国，这似乎只是小场面。据工作人员说，想制作出好的节目，就需要投入更多的时间。一开始我弄不清录制的时长，总会感到迷茫，不过最近我也变得能够开朗地回应：“我明白！这也是没办法的事啦！”

最让我感到惊讶的是，在中国，新人和权威艺人并未被区别对待。站在舞台上的人不是按年龄长幼排列，也不会有一些奇奇怪怪的需要注意的点。就算是权威艺人，如果服装不符合节目概念，也一样会被要求“去换衣服”。节目组对出演者的歌唱能力有不满，也会直接指出来。正因为对方是专业人士，所以理应接受高要求。也正是因为工作人员信任我们的专业技术，所以才会提出种种细致的要求。在我看来，能对彼此说真心话，建立起诚恳的工作关系，是一件特别棒的事。

不过，日程方面要是能再安排得宽松一些就好了。还有，等待的时间如何消磨？能用的办法我也已经用得差不多了……（笑）

中国有着广袤的国土，需要积极奔走！

说真的，2024 年我待在中国的时间应该比在日本还长些。自从参与了《乘风 2023》的录制，我在中国的工作一下子多了起来，对此我真的感激不尽。之前我只去过上海和北京，最近也开始在北京、上海以外的城市参加活动和开办演唱会了。每去一个新的地方前我都很兴奋，会充满期待地想：那里是个什么样的地方呢？

常听人说："日本和中国毗邻，很轻松就可以往返啦。"其实并不是这样的。去往大城市的航班飞行时间平均为 3 ～ 4 小时，下了飞机后的转场才是真的辛苦。毕竟，中国的国土面积那么广袤，是日本的 25 倍还多。如果目的地较远，那么航班抵达之后，有时还需要换乘国内航班过去，或是开车过去，那就还要花上 3 ～ 4 小时的时间才能抵达。光是在路上就要花上一整天的时间。

录制电视节目时最常跑的是长沙，我参与的大部分综艺节目都是在长沙录制的，每天都会有很多艺人来到这座城市。据说这里被认定为“媒体艺术之城”，还进驻了许多日系企业。可是，长沙竟然没有日本的直达航班。[1]没办法，我都是先从日本乘坐飞机到上海，再转国内航班，从上海飞往长沙。顺带一提，不单是我这个日本人，在中国国内活跃的艺人基本是乘坐飞机往返工作的，太厉害了，对不对？长沙比较容易遭遇恶劣天气，时常刮大风，所以飞机经常无法飞行，不时就会遇到节目录制当天有人迟到或者没法过来的情况。要是乘坐飞机出行能再方便些就好了。

我去过的中国所有的地方都很棒，每一处都令我印象深刻，食物非常美味，而且能看到各种美丽风景，完全看不腻。如果一定要选择一个印象最深的地方，那我应该会选三亚。那里是

1　长沙直飞日本的航班已于 2025 年恢复。

海南岛很有名的旅游胜地，距离东南亚也很近。听说三亚被称作“中国的夏威夷”，气候温暖又稳定，大海也特别漂亮。我一直祈祷：希望能有机会去三亚工作！于是，2024 年 7 月我接到了一份演出工作，会场就在三亚。主办方还为我们准备了很高档的酒店，从酒店的窗户望出去，窗外的景色美极了。本来想着可以在那里度过超棒的一天，但因为工作关系，我不得不在当天就离开，真的好遗憾啊……以后我会加倍努力地在中国工作，希望未来能在三亚的观光地好好感受那里的美景。

用中文唱歌好难！
我用听觉和口型记忆歌词

学习中文，真的很难。最近我有幸为中国的电视剧和游戏创作主题曲，获得了创作中文歌曲的机会，在舞台上翻唱一些中文名曲的机会也多了起来。要记的曲子很多，而且歌词都是中文，光是背下那些歌词，脑子就已经被塞得满满当当的……最近真的走到哪儿嘴巴里都一直在嘀咕中文，我会在房间里边踱步边讲中文，泡在浴缸里的时候也要唱中文歌。直到正式演出结束，我都没法放下心来，所以只要有一点点时间，我就会努力学中文。

幸运的是，在我的不断努力下，似乎掌握了中文发音的技巧。在第一次来中国表演《极乐净土》的8年前，我知道了拼音的存在，拼音是用与罗马音类似的符号标注中文发音的。在中文里，即便读法相同，发音不同的词语意思也完全不一样。比如日语

2023/9/30 @上海

的“あめ”，发音变了，就既有可能表示“雨”，也有可能表示“糖”。类似的情况在中文里也有很多。

当然，仅靠学习拼音是无法掌握正确的中文发音的，所以只要一有时间，我就会拜托教我发音的老师指导我。老师还会细致地将口型和发声方法一一传授给我。不过，留给我记住这些的时间真的很短。而且往返日本和中国时，或者为演唱会排练时，我都没有时间请老师指导。因此我会反复地听歌，利用听觉去背诵，然后一边看着谱面上写好的那些标了拼音的歌词，一边反复练习口型和发音。我会仔细观察电视上其他艺人演唱时嘴巴的动作，偷偷学习他们的发音。

因为要在有限的时间内把歌词都塞进脑子里，我偶尔也会感到挫折。但是，大家真的很喜欢我站在舞台上用中文为大家演唱。随着一次次的演出，我的中文发音越来越好了。也有很多人跟我说：“你的发音进步很大，已经快和中国人差不多了！”“看到你那么努力学习中文，好燃啊！”听到大家这样说，我真的很开心，那就只好继续努力了！因为用自己的歌声为大家带去欢乐，于我而言就是最幸福的事。接下来，我还想继续用中文唱歌，也想多创作一些中文歌曲。然后就是……想让自己的中文水平提高到可以进行日常对话的程度。希望能有更多时间和中国的各位聊天，建立起更加亲密的关系。

我发自内心地
爱着我珍贵的中国朋友们

要想在海外把握住成功，首先就是找到珍贵的伙伴。回顾这些年的经历，这一点也是我的切身体会。之所以能在中国活跃到现在，不单需要我自身付出努力，伙伴的支持更是不可或缺。时至今日，我的朋友们仍是我的重要依靠，是他们成就了现在的我。

最照顾我的当然是《乘风 2023》的成员们。比如龚琳娜老师，我非常仰慕她，如今她在我心中仍旧如我的师父一般。我一直充满敬意地喊她"龚老师"。龚老师在《乘风 2023》的录制过程中，总是率先站出来支持语言不通的我。早饭的时候她还帮我煮蛋，总是很照顾我，简直像妈妈一样。龚老师经常在海外活动，所以对我独自来中国发展的前因后果都很感兴趣。

我和龚老师合作表演过好几次，印象最深的一首歌就是《花海》。这是中国超人气歌手周杰伦的歌，由中孝介翻唱了日文版本。我们对这首歌的演绎也收获了观众的喜爱，我和龚老师的关系也因为这首歌而变得更亲密了。此外，龚老师还把一些中国演艺圈的规矩告诉了我，对我关怀备至。我想借此机会，再一次向龚老师表达我的感激之情。

还有 Amber 和刘惜君，她们也是在《乘风 2023》的成员中格外照顾我的两位老师。Amber 是队长，她会带头引领我们，有她在，我就觉得心里非常踏实。是刘惜君拿给了我翻译机。她在团队内有种单打独斗的气质，所以最初是我先和她搭话的。一聊起来我们才发现彼此超级投脾气，所以直到现在我们的关系依旧非常好。我需要参与的节目她都会帮我检查，只要彼此时间对得上，她就会来看我。

因为在节目里和其他艺人合作的机会增加了，所以我也交到了《乘风 2023》的成员以外的一些朋友。比如赖美云，她在中国的昵称是“小七”，我叫“小美”，很多人会把我们两个人的名字组合在一起喊我们。小七年纪比我小，可她是我特别可靠的好伙伴。还有黄子弘凡，我们合作演唱了中国版《花样男子》[1]的主题曲，也因此成了好友。他在我心中是很可爱的弟弟。还有杨坤老师，他主动对我说“一起拍张照吧”的时候，我别提多感动了！他是中国的国民歌手，也是权威中的权威了。据说他是看过《乘风 2023》后认识我的。那天因为时间不合适，没能拍成照，以后一定要找机会和杨坤老师拍张双人照！

还有一个人令我很难忘，就是竹内亮先生。他现居中国，是纪录片导演，也从事电视节目制作人的工作。录制《乘风 2023》时我也受了他不少照顾。因为可以和竹内亮先生用日语沟通，所以每次看到他出现，我就会大松一口气。能在中国见到日本人，真的让我感到很安心。

还有许许多多的朋友。因为有他们，才有了现在的我。接下来，也轮到我来报答大家了。我必须再多多努力才行。我想借此机会，向大家表达感激之情：谢谢你们，我打心底里爱着你们。

1 指《流星花园》。

在中国的职场环境中，我学到了艺人的“矜持”

进入中国演艺圈后，我下定决心“不能迷失自我”。身处不熟悉的环境里，就会发现很多本来习以为常的做法完全不适用。在这里，我拥有很多珍贵的朋友，也有很多人愿意帮助我，可是一旦站到舞台上，就没人能帮我了。我得相信自己，坚持做自己。想要在业界存活下来，做到这一点非常重要。

那么，我心中的“不能迷失自我”具体指的是什么呢？在中国体验过许许多多后，我再次领悟到了“观众们的笑容，就是我活着的意义”这件事。刚刚开始在中国工作时，工作人员说什么我通通会回答“OK”。理由很简单，因为我的那种“不能放过这次机会”的情绪占了上风，所以我觉得自己是把眼前的机会摆在最优先的位置。

出现转折，是在一次歌唱节目中遇到一点小矛盾时。当时原定要和一位中国的艺人同台表演，所以我从几天前就开始拼命练习自己负责的那部分歌曲。没想到距离正式演出还有两天时，节目组突然要求我们“把歌唱的部分整个对调”。在演出前夕临时更换内容，对拼了命地记忆中文歌词的我来说绝对完成不了。如果还像过去那样回答“OK”，想必演出时我绝对无法以一百分的状态去演唱。若是如此，我实在无法面对那些真心等待我的粉丝。于是思考一番之后我回答：“我非常想演唱目前被分到的这段歌词。”最终，我的歌词内容没改变，演唱了原定的部分，也完美地完成了那一次合作。

自那以后，一切行动都由我独立思考并做决定。为了完成最棒的表演，一旦我无法达到对方的要求，就会认真拒绝。与此同时，我认为充分了解自己的能力范畴也非常重要。有时候有些事就算再努力，做不到就是做不到。不过，要用体谅对方的方式说“不”。让大家都快乐地去工作才更好，不是吗？当然了，也不用事事都拒绝，而是要多多思考、评估，只有实在做不到的事才需要拒绝。毕竟，我希望自己能尽全力在中国工作。

在不丧失自我个性的情况下，一直唱下去。这就是我在中国这样一个大国学到的，属于艺人的“矜持”。

2023/9/22 @深圳

2023/10/1 @ 上海

2023/10/1 @ 上海

2023/9/24　@ 成都

有问必答

MARiA的私人问答 Q&A

我喜欢的东西，爱做的事情，

最近痴迷些什么……

许许多多。

在这个环节，我会聊聊“哪些东西对我来说不可或缺”，

还有“我最喜欢的动画”。

想说的话，还有很多很多！

Q：*除了音乐，有什么其他兴趣吗？*

A：**潜水、旅行、饮酒、料理。**

Q：*有什么一忍不住就会买来收集的东西吗？*

A：**泡泡玛特的手办、**
漫威的周边、
各种猪猪的周边、
红酒、
很辣的食物。

泡泡玛特的手办可以把家里装点得好像玩具箱一样，
特别可爱！
所以每次出新品我都一定会去买！
我也收藏了各种各样的红酒，
因为我常在家里晚酌。
我虽然对红酒没有特别了解，
但很喜欢品尝不同味道的红酒！！

Q：*手办收集了多少呢？*

A：多少呢……
估计有**五百只**吧……

Q：从多大开始看动画的呢？

A：应该是**从幼儿园开始的吧……**

不知不觉就已经在看了。

现在虽然不会像小时候看得那么频繁，

但是只要遇到感兴趣的动画，我都会看！

Q：最喜欢哪部动画？

A：**《火影忍者》！！！**

得不到任何人的期待，一直孤孤单单的，

但从未放弃成为火影的梦想，

为了伙伴努力战斗，

最终成就了梦想的鸣人！

《火影忍者》简直就是我的“人生圣经”。

还有**《美少女战士》🌙。**

我觉得每一个少女都曾经憧憬过美少女的剧情吧？

变身的场景，我反复看过好几遍呢。

我“变身”的愿望，

大概也是源自这部动画。

会对舞台上的服装和造型下很多功夫，

或许也是因为我有一颗少女心吧。

Q：最喜欢的动画角色是谁？

A：是**《火影忍者》里的**

卡卡西老师！！！

他总是一副洒脱又无拘无束的样子，

还经常开玩笑，

但他比任何人都在意伙伴，

而且一出手就绝对错不了。

太帅了，太厉害了！

Q：如果要选择一个动画角色出cos的话，会选择谁呢？

A：应该还是**《美少女战士》**吧！

我自己cos的话，应该会选**小小兔？**

因为我比较小只（笑哭）。

From Now On

未来的我

以传递“爱”为主题，

一直一直唱下去。

我此后也不会改变这个方向。

关于接下来想要实现的事，

想去挑战的事，

一生都想继续下去的事，

我也进行了一番新的思考。

想慢慢花时间实现，在全中国开演唱会

我当下的目标之一，是在全中国开演唱会，希望未来能实现这个梦想。随着在中国的工作逐渐增多，我已经彻底迷上了中国，真心希望自己能不断拓展举办演出的地域，我想和中国各地的粉丝见面，想把我的感谢之情直接表达给大家。为此，我要尽最大的努力，造访那些我尚未去过的地方。

在中国，不同地区有不同方言，大家的想法和喜好也各不相同。把握住各个地区的一些地域性，需要花费不少时间。为了实现我的目标，比起办一场巡演一口气跑一圈，不如慢慢花时间一处一处地举办演出比较好。

一方面，我很想见到粉丝们；另一方面，我还希望有更多不认识我的人能够认识我。我是幸运的，《极乐净土》这首歌已经被大家喜爱了近十年，但是大部分人其实是在 2 ～ 3 年前才认识我本人的。在中国，大家很熟悉中岛美雪、山口百惠的歌曲，我还完全是个新人。所以，我会格外重视提高知名度这件事！

我想实际见到粉丝们，并且很执着于提高知名度，是有原因的。其实，我还有一个更大的目标，那是我和龚老师（龚琳娜）的一个约定。我们约定好了，要成为中日交流的桥梁。中国文化走进日本的部分还很少，反之亦然。我想把日本当下真实的样子展示给中国的朋友们，也想告诉大家，现在日本也不断地创作出很多名曲。同样，我也想把中国的名曲传播给日本的粉丝们。想做到这些，我就应该一步一个脚印，以“在全中国开演唱会”为目标，一点点积累成绩。

当然了，拥有更多日本粉丝同样非常重要。往后，我也会努力在日本开展活动。未来我说不定会比现在还要忙碌，可是，既然已决心将“成为中日交流的桥梁”当成我的目标，那么，就从自己能做的事情开始，全力去争取吧！

为了更上一层楼，
我考虑在世界范围发展

我的这份“爱意”能够传达到多远的地方呢？自从开始做这份工作，我就下定决心，要以“爱”为主题一直唱下去。那么，我的情感究竟能够传达给多少人呢？想着想着，走向全世界的愿望便逐渐萌芽。

最开始想要闯荡的是亚洲。在中国工作的过程中，我又一次清晰地意识到，我是真的很喜欢亚洲。这或许是因为日本是亚洲的一员，大家脾性相合吧。从距离上看，中国与日本离得很近。说具体点的话，我其实对印度很感兴趣。最近的一套舞台装束有些类似于印度的传统服饰——纱丽，我也随之对印度产生了亲近感。这理由听上去很简单，但这种源自感性的喜欢往往出乎意料地准确。

当然，我也有进军欧美的愿望。我的服装是面向欧美观众审美的改制和服，如果再做一番调整提升，造型就可以变成那种很酷的日式风格。而且 GARNiDELiA 的作品中有大量的电子舞曲，这种曲风也是欧美听众耳熟能详的。

2015 年前后我们曾在美国办过演唱会，当时动画歌曲的类型还略有些“冷门”，如今动画歌曲数量增多，涉及的音乐类型也扩宽了不少。比如，我们在 2022 年推出了歌曲《幻爱游戏》，乍一看标题，会觉得和《极乐净土》很相似，对吧？其实它的舞蹈风格非常甜美。这首歌配合可爱的旋律，展现了惹人怜爱的舞蹈，给大家带来一种“没想到 GARNiDELiA 还有这样的一面！”的意外感受。

如果能在走向全世界的过程中认识更多来自世界各地的朋友，那就更是一件十分幸福的事情了。我很希望能和海外的艺人们有更多机会交流及合作。现在我最憧憬的合作对象是周杰伦，他在中国是无人不知的超级明星。我知道这个目标定得很高，不过请先允许我嘴上说说吧。真希望能实现这个心愿，和他一起在体育场高歌！

未来，
我想实现二次元和三次元的合作！

在异国他乡，我突然获得了“神”的称号；和这份奇缘一样，世界不知何时或许也会猛然产生新变化。于是我就会想：未来说不定能够实现以往想都不敢想的那种现场表演呢？2020年新冠疫情席卷全球，大家都无法出门了，不过短短数月就开始实行线上办公，如今这种方式已经十分常见了。在不远的未来，真实人类的虚拟演唱会肯定会逐渐渗透大众生活。

其实，虚拟实境演唱会，还有使用3D角色的虚拟演唱会已经推广开来了。其中，使用3D形象的高人气艺人（VTuber）也逐年增加。随着网络环境的进一步改善及视觉技术的进一步发展进化，我觉得在“假想空间”中开办演唱会也将成为一件稀松平常的事。

既然我在中国得到了“二次元的神”这样的称号，那么对一直支持我们的粉丝来说，在“假想空间”开演唱会这件事或许正是他们梦寐以求的。

说得再现实一些，我认为全世界同步现场直播演唱会一定会在不远的未来得到推广。尤其是在中国，中国的 IT 领域非常发达，总是能够开发出最先进的技术。运用中国通信网络和最新技术，说不定就能建立起一些新的网络直播方式了。真有类似项目的话，我非常想参与尝试。如果能实现这个想法，我想那些平时很难来现场的粉丝应该会很开心，喜欢尝试新形式的朋友也会被吸引。去思考一些还没有人实际做出来的网络直播方法，也是我个人比较感兴趣的点。

在 IT 不断进化的未来，可能性是无限大的。我相信在这本书里谈到的梦想，未来一定都能够实现。

如果有了宝宝，
我希望自己可以成为“帅气的妈妈”

我想在 40 岁前有个宝宝。因为我是在充满爱意的家庭中长大的，所以我也希望把无限的爱意灌注给自己的孩子。我的童年经常孤单一人，总是感受到寂寞，所以我希望有更多的时间陪伴孩子。当然，GARNiDELiA 的活动我也想和之前一样努力继续下去。这样的话，说不定就需要时常带着宝宝去工作了。

最近，演艺圈也在积极创造一个更适宜“职场母亲”活动的环境。在我们的演唱会后台，经常能看到工作人员家的小朋友在玩耍。如果工作人员连日工作到深夜，那么他们和孩子共处的时间就会变短。因此，在后台，我们所有人都会互相帮助，尽量多创造一些亲子间的相处时间。在我心里，后台的所有人就是一个大家庭。

如果我的宝宝出生了，我也希望能带着宝宝一起工作。去录音室的话，就让宝宝待在录音间外面，让我的歌声化作摇篮曲哄他吧。等宝宝大一点了，我还想带着他一起去海外的演唱会，见识更加广阔的世界。还有，我最想让他看到的，是我站在舞台上演唱的样子。彩排的时候他可以一直在我身边，等到了正式演出，我就把他暂托给经纪人，说一声“我去去就回！”，然后向着舞台奔去。

我希望自己能成为孩子眼中“帅气的妈妈”。未来年过四十，我依然想让他看到我载歌载舞的样子。我会努力创造一个能让孩子用满含敬意的态度去仰望的舞台。为了完成这个愿望，我要保证体力、提升表现力，继续创造能让无数人感动的演出。我最喜欢的歌手麦当娜年过六十依然活跃，我想尽可能地接近她。所以，在接下来的日子里，我会不断努力的！

我想成为永远的“歌姬”，
所以要秉持爱与和平的愿望，一直唱下去

我想，自己或许是个贪心的人吧，想在全中国开办演唱会，也想进军全世界，还想挑战新形式的直播，同时，也希望未来能生育子女。如果在此期间能有假期，我还想去最爱的海边看看；而且也想努力赚钱（笑），不过不是要变成大富翁，而是希望得到维系生活所需的金钱。

其中最不可割舍的愿望，就是让知晓我存在的人能因我而变得更加快乐。我在社交平台上宣传演唱会的时候，一定会把“来见”写作“来爱”[1]。这个词里蕴含着“我希望大家能来聆听我用歌声传达的爱意”的意思。来见我，让我告诉你什么是真正的爱——我的这句“来爱”中，包含的就是这样一种感情。

1 日语中，“见面”（会い）和“爱”（愛）发音相同。

不单是舞台下近在咫尺的粉丝，还包括在屏幕前期待我出现的朋友们，我一定要把“爱”传递给大家。

大家爱称我为“歌姬”，应该就是因为感受到了我的这份“爱意”吧。仿佛从二次元跑出来一般的表演，或许也是大家一直称呼我为“歌姬”的原因之一。

不过，表达发自内心的“爱”这件事，我有信心坚持一生不变。读小学时，我在课外研究中读了特蕾莎修女的传记，虽然当时年纪还小，但是她为世界和平做出的努力令我十分感动。在我心里，那种信念就是对爱与和平的追求。

我也想像她那样，成为一个传播爱与和平的人。而我的方法，就是一直一直唱下去。我想，不是只有喊着“加油！”才算是爱，在对方消沉时陪伴其左右，也是爱。世界和平，当然也是爱。再把视野拓展开一些，超越国家、语言及性别，去肯定那个独特的自己——能将这一切传达出去的，同样是爱。

万事万物之中，成就我底色的就是“爱”。或许就是为了将这份爱意传达出来，我才选择了唱歌吧。

如此说来，现在的我能站在舞台上，能拥有这样一个把自己的“爱”发送给大家的空间，是多么难能可贵的事呀！

那么，我一直坚持唱着的这些以“爱”为主题的歌曲，又能感染到多少人呢？我想，这将是我穷尽一生、永远追逐的目标吧。

epilogue

I am MARiA

结语

再回顾这本书，我想自己最希望通过它传达出来的感情就是“爱”。

在我孤独的童年时代，在我作为歌手长久沉寂、过得艰难而苦涩的时候，在我离开日本，独自前往中国，努力想要做出些成绩的时候……无论处在何种状况下，我都能毫不气馁地迈步向前，这都是因为身边有着愿意将爱意浇灌给我的人。

始终支持我童年时那个歌手梦想的家人，赋予我勇气的朋友，一直陪伴在我身边的工作伙伴，还有帮助我成长的中国朋友们，是他们一直给予我无限的“爱意”。

其中给予我至高无上之“爱”的，正是支持我的粉丝们。

他们会对我的歌产生共鸣，会喜欢我的作品，会特意去看我的演唱会，会真心期待我的新曲，他们一直在源源不断地将“爱”灌注给我。

我不能一味地接受“爱”，我还想把自己的“爱”报答给粉丝们。我带着这种心情，写下了这本书，因此我也在这本书中塞满了对粉丝的回应。如果阅读本书的朋友能够感受到我的“爱”，那就太好了！

未来，我希望自己能继续进步，成长为一名可以将“爱”传递给更多人的歌手。我的粉丝们，真的谢谢你们了！接下来，也请继续支持我！

2024/6/30 @ 日比谷

图书在版编目（CIP）数据

乘风而上 / （日）美依礼芽著 ； 董纾含译．-- 北京 ：
北京联合出版公司， 2025． 8． -- ISBN 978-7-5596-8624-
4

Ⅰ． I313.55

中国国家版本馆 CIP 数据核字第 2025HN5982 号

北京市版权局著作权合同登记 图字：01-2025-3814

乘风而上

作　　者：[日] 美依礼芽
译　　者：董纾含
出 品 人：赵红仕
责任编辑：龚　将

北京联合出版公司出版
（北京市西城区德外大街 83 号楼 9 层　100088）
北京世纪恒宇印刷有限公司印刷　新华书店经销
字数 101 千字　880 毫米 × 1230 毫米　1/32　印张 6.5
2025 年 8 月第 1 版　2025 年 8 月第 1 次印刷
ISBN 978-7-5596-8624-4
定价：78.00 元

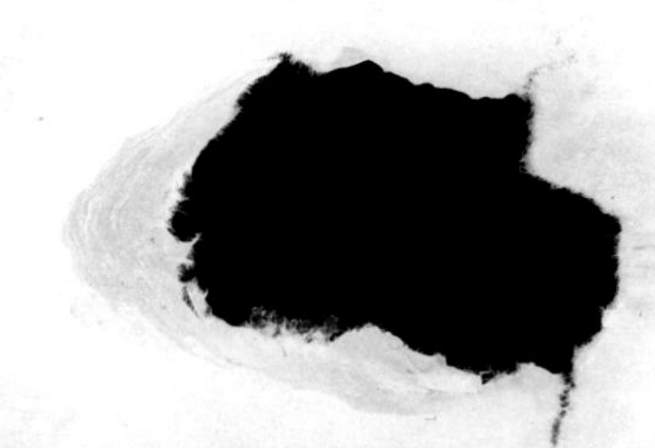